프라하의
아기 예수

루드비크 네메츠 지음 • 김옥녀 옮김

가톨릭출판사

Ludvik Nemec
THE INFANT JESUS OF PRAGUE

Original Copyright ⓒ Catholic Book Publishing Co., N.Y. 1978. 1986

프라하의 아기 예수

1997년 4월 19일 교회 인가
1997년 5월 15일 초판 1쇄 펴냄
2023년 11월 2일 초판 13쇄 펴냄

지은이 · 루드비크 네메츠
옮긴이 · 김옥녀
펴낸이 · 정순택
펴낸곳 · 가톨릭출판사
편집 겸 인쇄인 · 김대영

본사 · 서울특별시 중구 중림로 27
등록 · 1958. 1. 16. 제2-314호
전자우편 · edit@catholicbook.kr
전화 · 1544-1886(대표 번호)
지로번호 · 3000997

ISBN 978-89-321-0240-5 00230

값 6,000원

이 책의 한국어 출판권은 (재)천주교서울대교구 가톨릭출판사에 있습니다.
저작권법에 의해 한국 내에서 보호를 받는 저작물이므로 무단 전재와 무단 복제를 금합니다.

**가톨릭의 모든 도서와 성물을 '가톨릭출판사 인터넷쇼핑몰'에서
만나 보실 수 있습니다.**
http://www.catholicbook.kr │ (02)6365-1888 (구입 문의)

프라하의 아기 예수

머리말

프라하의 아기 예수를 기리기 위한 새로운 이 책은, 아기 예수에 대한 신심과 관련 있는 교회의 자료는 물론 이용 가능한 모든 다양한 역사적인 자료를 바탕으로 쓰여졌다. 이 신심의 공식적인 인가를 분명히 하기 위해 여러 교황들이 부여한 특전뿐만 아니라 교황청 성(省)들의 문헌들도 참고하였다.

현대의 여러 언어―체크어, 영어, 프랑스어, 독일어, 이탈리아어, 폴란드어, 포르투갈어, 슬로바키아어, 스페인어 등―로 된 다양한 자료들은 특별히 프라하의 아기의 역사적인 약속("너희가 나를 숭배할수록 나는 너희를 더욱 축복할 것이다.")을 신심적으로 먼저 이해함으로써 그 풍부한 은혜를 온전히 받을 수 있음을 알리는 데 도움이 된다.

이 책자를 펴내기까지 유용한 지침을 제공한 많

은 외국어 작품의 저자들과 출판자들, 자신들의 9일 기도에 대한 정보를 제공해 준 많은 수녀원과 수도원 그리고 수많은 신심 소책자와 9일 기도 전단들, 온갖 종류의 신심 활동의 재건을 위한 기도서들에 감사의 뜻을 전하고자 한다. 여기에 실린 모든 역사적인 기도문들은 성 스테파노의 에메리크 신부(P. Emmerich of St. Stephen)가 지은 *Pragerisches Gross und Klein*(Prague, 1737)에서 따온 것으로, *The Great and Little One of Prague*(1959)라는 내 책자에서 영어로 번역된 것을 그대로 옮긴 것이다.

끝으로 이 작은 책이 거룩한 아기 예수께로 향한 새로운 사랑을 가져다 주고 수많은 가톨릭 신자들의 발길을 아기 예수께 대한 숭배로 이끌어 주기를 바란다.

● 차례 ●

머리말 5

제1부 프라하의 거룩한 아기의 역사　　　　　　　13

　스페인에서 기원됨/13

　아기의 모습/15

　아기의 의상/17

　이 신심의 첫번째 사도/19

　상의 분실과 발견/21

　상에 대한 믿음/22

　사람들과 수도자들에게서 흠숭받다/24

　신심의 다른 보급자들/26

　교회의 인가/28

　이 신심의 보편적인 매력/30

제2부 프라하의 아기의 수호　　　　　　　　　　33

　1. 프라하의 아기—소명의 주님/33

　2. 프라하의 아기—건강의 보호자/34

3. 프라하의 아기 – 훌륭한 재무관/36
   4. 프라하의 아기 – 가정의 은신처/38
   5. 프라하의 아기 – 아이들의 기쁨/39
   6. 프라하의 아기 – 학교의 수호자/39
   7. 프라하의 아기 – 평화의 왕자/40
   8. 프라하의 아기 – 자유의 원천/41
   9. 프라하의 아기 – 선교 활동의 조력자/42
  10. 프라하의 아기 – 안전의 보호자/44

제3부 신심의 영적 보물   47

프라하의 거룩한 아기 예수 단체의 규칙 47

신심 행사 50

  학생들에 대한 축복/53

  프라하의 아기 예수님께 드리는
    아이들의 봉헌 기도/58

  프라하의 아기의 작은 로사리오/60

프라하의 아기의 대관식 61

  왕이신 그리스도님께 대한 기도/62

  대관식 찬송/63

  갈망/63

제4부 역사적인 기도문들   **65**

  가경자 치릴로 신부의 갈망 ································· 65

  아기 예수님께 드리는 치릴로 신부의 기도 ············ 67

  예수의 성명 호칭 기도 ·· 68

  아기 예수 호칭 기도 ·· 73

  경이로운 프라하의 아기 호칭 기도 ······················ 77

  예수의 거룩한 어린 시절을 기리는 호칭 기도 ········ 83

  가장 사랑이 넘치시는 아기 예수님께 바치는 기도 ·· 89

  거룩하신 아기 예수님의 신비에 대한 경배 ············ 90

  매달 16일부터 24일까지의 9일 기도 ···················· 99

제5부 여러 경우를 위한 기도문들   **103**

  아침 기도 ·· 103

  거룩하신 아기 예수님께 바치는 아침 봉헌 기도 ··· 104

  거룩하신 아기 예수님과의 사랑의 서약 ··············· 106

  저녁 기도 ·· 107

  밤의 봉헌 ·· 109

  프라하의 아기 예수님께 대한 봉헌 기도 ············· 111

  부모를 위하여 바치는 자녀의 기도 ····················· 112

  아기 예수님께 바치는 짧은 개인 9일 기도 ·········· 113

경이로운 프라하의 아기 예수님께 114
경건한 기원들 116

제6부 프라하의 아기 예수님께 바치는
특별한 기도문들   119

병자의 기도 119
행복한 죽음을 위한 기도 121
현세의 재물을 얻고 지키기 위한 기도 122
평화를 위한 기도 123
모든 필요시의 기도 124
고뇌에 빠졌을 때의 기도 125
프라하의 아기 예수님께 받은 은혜에 대한 감사 ... 126
거룩하신 아기 예수님께 대한 자신의 봉헌 127
기억하소서, 오 거룩하신 아기 예수님 128
위대하신 작은 이라는 이름 아래
   거룩하신 아기 예수님께 바치는 기도 129
아이들의 보호자이신 거룩하신 아기 예수님께
   드리는 교육자와 선생님들의 기도 132
자녀들을 위해 거룩하신 아기 예수님께
   바치는 부모들의 기도 133

거룩하신 아기 예수님께 바치는 아이들의 기도 ····· 134
거룩하신 아기 예수님께 대한 아이들의 봉헌 ········ 135
아기 예수님께 드리는 인사 ······························ 136
비상시의 9일 기도 ··· 138
프라하의 아기 예수님께 바치는 개인 9일 기도 ····· 140
  첫째 날/140
  둘째 날/140
  셋째 날/140
  넷째 날/140
  다섯째 날/140
  여섯째 날/140
  일곱째 날/140
  여덟째 날/140
  아홉째 날/140

삶의 특별한 상태를 위한 기도 ··························· 153
수도 소명을 위한 기도 ····································· 154
사제 소명을 위한 기도 ····································· 156
프라하의 거룩하신 아기 예수님께 대한 봉헌 ········ 158
프라하의 아기 예수님을 기리는 개인 9일 기도 ····· 160

거룩하신 아기 예수님을 기리는
그 밖의 개인 9일 기도   161

묵상 161
하느님의 말씀 163
9일 기도들 164
  9일 기도/164
  프라하의 경이로운 아기 예수님께 바치는 기도/165
  거룩하신 아기 예수님을 기리는 기도/167
  우리 삶의 중심을 아기 예수님께 두기 위한 기도/169
  기도/171

옮긴이의 글 173

제1부 프라하의 거룩한 아기의 역사

스페인에서 기원됨

그 경이로운 상(像, statue)의 기원은 스페인이다. 체코슬로바키아의 귀족인 브라티슬라브 페른스틴(Vratislav of Pernstyn)과 결혼한 마리아 만리케스 데 라라(Maria Manriquez de Lara)가 1556년에 이 귀중한 가보를 가지고 체코슬로바키아의 보헤미아로 왔다.

그 당시 스페인은 아빌라의 대 데레사 성녀의 신비주의(1582)와 더불어 영적 힘이 강했다. 성녀는 거룩한 어린 시절에 대한 신심을 강조했고, 창조주와 피조물과의 올바른 관계를 정립하는 방법으로서 하느님의 위대함에 비해 인간이 보잘것없음을 강조했다. 성녀의 신비주의는 거룩한 아기를 왕으로 묘사함에 있어 이러한 영적인 가치들을 드러내는 방법을 찾았는데, 오직 작은 이들만이 기꺼이 그분을 숭배할 수 있다. 이런 사실은 프라하의 경이로운 아기 상에 가장 구체적으로 반영되어 있다.

한편 아기의 거처는 체코슬로바키아의 수도, 그 안의 모든 돌 조각들이 많은 역사를 이야기하고 있는 프라하 시다. 아기는 승리의 성모 성당에 보관되어 있으며, 그곳에서부터 겸손하고, 천진하고, 경건하라는 – 왕이신 그리스도 앞에서 위대해지고 즐거워지기 위해서는 작은 이가 되어야 한다는 거룩한 아기의 부르심을 따라왔던 수백만의 사람들에게 영적인 성장을 부여하고 있다.

이러한 신비, 이러한 효과적인 영적 묵상은 왜 프라하의 아기가 전 세계 – 그의 손에 그토록 굳게 쥐고 있는 – 에 걸쳐 인간들의 마음을 끌고 있는지에 대한 이유가 된다. 거의 모든 교회, 수녀원, 수도원 그리고 가정에서 신심을 지닌 사람들에 대한 하느님의 보호를 나타내고 있는 그의 상을 볼 수 있다.

아기의 모습

예복으로 단장한 프라하의 아기의 모습(image)은 그리스도교 예술이 탄생 때 강보에 싸여 구유 안에 있었던 베들레헴의 아기로 수세기에 걸쳐 묘사한 아이와는 너무나 다르다. 성탄 때 목자들에게 경배 받는 아기보다는 동방 박사의 방문을 받는 아이에 가까운 프라하의 아기의 경이로운 상은 18인치의 키에 넓은 받침돌 위에 서 있으며 은으로 된 받침 중심부에 단단히 끼워져 있다.

그 호리호리하고 아름답게 본떠진 조각은 왁스로 얇게 코팅된 나무로 조각된 것으로, 길고 하얀 튜닉 아래로 왼발이 약간 보이는 형태다. 왼손은 아기 그리스도의 전 세계적인 왕다운 권위를 상징하는 십자가가 얹어 있는 축소된 지구본을 감싸고 있다. 오른손은 교황에게 유보되어 있는 형태로 축복을 하기 위해 뻗어 있다. 즉 우선 두 손가락은 그리스도의 두 가지 본성을 나타내기 위해서 세워져 있고, 엄지손가락과 접은 나머지 두 손가락은 복되신 삼위 일체의 신비 안에 성부와 성자와 성령이 하나임을 나타내고 있다.

1788년 5월 이래 그 상의 손가락은 귀족인 데 라 하이에(De la Haye)와 그 아내가 선물한 두 개의 보석 반지로 장식되었다. 이는 그들의 죽어 가던 딸에게 일어난 기적적인 치유에 감사하는 마음을 기념하기 위한 것이다. 상의 머리에는 예전의 조각품들과 사진에서 나타났던 흰색 가발 대신에 금색의 가발이 씌워져 있다. 머리의 왕관은 체크 왕조의 최고 성주인 베르나르도 이냐시오 마르티니즈(Bernard Ignatius Martinic)가 선사한 것이다. 이 왕관은 장엄한 대관식에서 축성을 받았다.

그 상의 얼굴은 다른 많은 상들에서 볼 수 있는 전형적이고 고전적인 용모는 갖고 있지 않다. 그러나 그 얼굴은 인간을 만드신 하느님의 신비에 대한 깊은 감사의 정을 불러일으키는 이상한 힘을 지닌다. 그의 위엄 있는 자세와 왕다운 복장에도 불구하고 프라하의 어린 왕은 숨겨진 위대함보다는 인간다운 왜소함의 표현으로 더욱 경이롭다고 할 수 있다.

아기의 의상

프라하의 아기 옷은 전례용 예복과 비슷하다. 안에 입은 의복은 사제의 장백의와 유사하다. 하나는 단순하게 만들어진 흰색 아마포로 되어 있고 또 다른 것은 레이스로 되어 있다. 이를 덮고 있는 것은 실크, 벨벳 또는 다마스크로 만들어진 달마티카(부제용 의복)이며, 그 위에 축소된 전례 카파인 망토를 걸치고 있다. 폴리세나 로브코비츠(Polyxena Lobkowitz) 공주의 선물로 보헤미아에 도착했을 때 상에 원래 입혀져 있던 의복이 아직도 보존되고 있다.

의상은 전례 시기에 따라 바뀐다. 이는 프라하에서 콜레라가 한참 유행하여 수천 명이 목숨을 잃었던 1713년부터 유래된 풍습이다. 가르멜 회원들은 목숨을 유지하게 된 많은 경건한 신자들로부터 감사의 표현을 받았다. 그들은 신자들 중 하나인 안나 글라라 로레진(Anna Clare Loregin)에게 그 상을 위해 새옷을 만들고 정기적으로 그것을 바꿀 수 있도록 허락하였다.

그 때부터 유래하는 좀더 세련되고 아름다운 옷

중의 하나는 금과 진주로 수놓은 두꺼운 다마스크로 만들어진 것이다. 39벌 중에서 가장 예술적이고 역사적으로도 중요한 것은 마리아 테레지아(Maria Theresia) 여제가 선사한 것이다. 이것은 페르디난트(Ferdinand) 황제가 기증한 금으로 수놓아진 붉은색 옷이라는 점만으로도 화려하기 그지없다.

 진주와 체크 석류석으로 장식되고 푸른색과 은색 실로 짜여진 흰색 의상 몇 벌은 지금까지도 알려지지 않은 그 누군가로부터 선사된 것이다. 이 수집품 중에는 로코코 스타일로 리본 장식이 많은 장밋빛 의상도 있다.

 독특하면서 보편적으로 감탄을 자아내는 것은 중국식 세트이다. 하나는 동양의 새를 상징하는 반복 무늬를 지니고 있다. 또 다른 것은 상하이에 있는 가르멜 회원들의 선물로 "거룩하신 아기 예수님, 중국에 자비를 베푸소서. 신앙의 세계로 인도하시고 악의 세력으로부터 자유롭게 하소서."라는 의미를 지닌 중국 문자를 나타내기 위해서 옷의 단을 따라 국화 무늬로 자수한 백색의 의상이다.

소맷자락을 따라서는 "거룩하신 아기 예수님, 당신의 왕국을 중국에 실현하소서."라는 기원이 짜여 있다. 산호가 박혀 있고 진주로 장식된 가시관으로 둘러싸여 수놓아진 심장이 그 옷의 앞부분을 장식하고 있다.

프라하의 말라 스트라나(Mala Strana) 지역의 성 요셉 교회 영국인 수녀들이 현재 아기 예수의 의상을 입히는 특권을 누리고 있다. 옷을 갈아입히는 일은 대개 아침 미사 후 10시경에 행해진다. 이 때 메달, 상본, 묵주 같은 여러 가지 성물들을 상에 달게 되고, 이는 세계 곳곳으로 공급된다.

폴리세나 로브코비츠 공주는 그녀의 어머니로부터 이 상을 물려받았고 집에서 계속 공경해 왔다. 이 신심을 널리 퍼뜨리기 위하여 그녀는 1628년에 프라하의 맨발 가르멜 회원들에게 이 상을 선사했다.

이 신심의 첫번째 사도

천주의 모친의 치릴로(Cyril of the Mother of God) 신부가 그의 수도 및 사제 소명을 허락받은 데 대한 감사로 이 신심의 첫번째 열성적 사도이자 선봉자가 되었다. 아기 왕이 어떻게 흠숭받기를 원하고 요구하셨는지는 감동적인 이야기이며, 성인 문학 전체에서도 이와 유사한 어떤 것도 찾아낼 수 없다는 점에서 독특하다.

인간의 영혼이 그의 주인인 아기 왕에게 종속됨에서 영적 기쁨을 찾는다는 점에서 이것은 진정한 영적 로맨스이다. 모든 어려움들은 당신의 종들이 필요로 하는 모든 것을 잘 돌보아 주시는 강력한 아기에 대한 무한한 신뢰와 더불어 사라진다. 이러한 확신은 "너희가 나를 공경하면 할수록 나도 너희를 더욱더 축복할 것이다."라는 그의 역사적인 약속—이 신심의 초석이 된 약속—에서 솟아난다.

이것이 가르멜회의 치릴로 신부가 아기 예수께 드리는 흠숭이 전 세계적인 숭배가 되도록 하려는 노력을 성공적으로 수행할 수 있게 한 계기가 되었다. 그 때부터 그는 개인적으로 폴리세나로부터 이러한 예언적인 말을 들었다. "내가 너에게 이 세상에서 나 자신이 가장 값지게 평가하는 것을 주겠다. 네가 이 상을 숭배하는 한 너는 더 이상 바랄 것이 없을 것이다!" 그리고 1675년 그가 죽을 때까지, 그는 어린 왕에 대한 영광을 전파하는 데 열과 성의를 다하였다.

그는 30년 전쟁이라는 시련의 시기에 분실되어 잊혀졌다가 그가 1637년 뮌헨으로부터 프라하로 돌아왔을 때 다시 찾은 상을 복원하기 위해 모든 어려움을 감수하였다. 파편 속에서 몹시 헐어 버린 이 상을 찾았을 때 그는 처음에는 개인적으로, 그리고 나중에는 공공연하게 숭배하였다.

상의 분실과 발견

7년 동안(1630-1637) 아기의 상은 먼지 속에서 파손된 채 모든 이들에게서 존경받지 못하고 잊혀졌다. 당시 수련자인 치릴로 신부가 다른 사람들과 함께 프라하에서 뮌헨으로 보내졌던 것은 이 때였다. 왜냐하면 프라하 시가 스웨덴 군대에 의해 침략당했고 반가톨릭적 파괴 행위가 있었기 때문이다. 1635년 프라하 조약 이후에 상황이 호전되자 가르멜 회원들은 수도원으로 돌아왔다. 그러나 그들은 매일매일의 생계 걱정 속에서 그 상을 완전히 잊어버렸다.

수도자들은 너무나 가난해서 자신들의 밭과 포도원의 임대료조차 낼 수 없었다. 그들은 최악의 곤궁 상태에 처했고 쓰라린 고통을 받았다. 1637년 성령 강림절에 치릴로 신부는 프라하로 돌아왔고 곧 프라하의 아기에 대한 숭배를 회복하였다.

치릴로 신부는 잃어버린 상을 찾기 위해 수도원 구석구석을 뒤졌고 마침내 먼지 쌓인 모습을 발견했다. 그 때 그는 장상에게 과거에 이 수도원이 아기에게서 받았던 모든 은혜에 대해 이야기한 후 상을 기도실에 모시게 허락해 달라고 간청했다. 치릴로 신부는 그 상을 발견했을 때 너무나 기뻤기 때문에 아기의 손이 부러져 있는 것을 알아차리지 못했다.

상에 대한 믿음
어느 날, 성직자들이 기도실을 떠나고 한참 뒤에

그는 상 앞에서 무릎을 꿇고 여러 시간 동안 하느님의 선하심을 묵상하며 영적 무아 상태에 빠져 있었다. 그런데 무슨 일인가 일어났다. 그는 이런 말씀을 들었다. "너는 나를 불쌍히 여겨라. 그러면 나도 너를 불쌍히 여길 것이다. 나에게 나의 손을 찾아 주어라. 그러면 너에게 평화를 주리라. 네가 나를 공경하면 할수록 나는 너를 더욱더 축복하리라!" 치릴로 신부가 부러진 손을 본 것은 바로 그때였다.

자신의 어리석음에 치릴로 신부는 부끄러웠다. 아기의 손이 부러진 것을 깨닫고 그는 곧 원장에게 달려가 손을 원래의 상태로 해주자고 간청했다. 그러나 치릴로 신부처럼 그 상에 대한 깊은 이해를 지니지 못한 원장은 수도원의 극심한 가난 때문에 별 다른 방법이 없다고 변명하였다.

그러나 치릴로 신부는 포기하지 않았다. 아기에 대한 그의 완전한 신뢰는 곧 보상을 받게 되었다. 한 신앙심 깊은 부유한 사람이 프라하로 왔는데, 그는 병들어 있었다. 치릴로 신부가 죽어 가는 이 사람을 방문하게 되었으며 그는 아기를 수리할 수 있는 재정적인 도움을 주었다. 수도원장은 예전의 것을 수리하는 대신에 새로운 상을 샀다. 그러나 이 새 상은 바로 첫날 떨어지는 촛대에 의해 부서지고 말았다.

이것이 바로 치릴로 신부에게 아기의 소망은 글자 그대로 이루어져야 한다는 분명한 암시가 되었다. 원장 또한 계속적인 장애물이 될 수는 없었다. 끊임없는 걱정과 슬픔 그리고 온갖 시험 때문에 그는 임기 전에 강제로 은퇴되었다.

사람들과 수도자들에게서 흠숭받다

슬픔에 잠긴 치릴로 신부는 상을 그의 방으로 옮겼고, 수도원장에게 필요한 돈을 보내 달라고 복되신 성모 마리아를 통하여 아기에게 간청했다. 열정적인 기도를 마치자마자 그는 성당으로 불려 갔다. 그는 그곳에서 그를 기다리고 있는 한 귀부인을 보았고, 그녀는 그에게 인사하며 상당한 액수의 돈을 건네 주었다. 그가 감사의 말을 전하려는 순간 그

부인은 사라졌다.

기쁨과 행복에 가득 찬 치릴로 신부는 가르멜의 성모님께 감사드리고 수도원장에게 그 돈을 가져갔다. 원장은 비용이 일정 금액을 초과하지 않는 범위에서 상을 수리하도록 했다. 불행히도 문제의 그 금액을 초과하고 말았고 다시 치릴로 신부의 바람은 좌절되었다. 그러나 여전히 그는 포기하지 않았다.

어떻게 필요한 돈을 구할 것인가를 생각하던 중에 그는 그의 영혼 내부에서 다음과 같이 말하는 목소리를 들었다. "나를 제의실 입구에 놓아라. 그러면 너는 도움을 얻을 것이다!" 그는 그렇게 했고 곧 어떤 낯선 이가 제의실로 들어와서 아기 상의 손이 부러진 것을 알아차리고는 그것을 수리할 것을 제안했다. 바로 그 순간에 수도원 원장이 들어와 기꺼이 그 제안을 받아들였다.

수리된 상은 성당 안에 모셔졌으며, 많은 교우들의 존경을 받기 위해 얼마 동안 공개되었다. 그러나 수도자들은 여전히 아기에 대한 공경을 그들의 일차적인 중대한 대상으로 받아들이지 않았다. 불행하게도 그들은 이내 무릎을 꿇어야만 했다. 페스트가 프라하에 성행하였던 것이다. 수천 명의 희생자를 내었고, 여기에 몇 명의 수도자도 포함되었으며, 원장 자신도 거의 죽게 되었다.

원장은 관심을 경이로운 상으로 돌렸고 자신이 치유된다면 그 신심을 널리 전파하겠다고 맹세하였다. 곧 원장은 아기에 대한 일반적인 신심을 명령해 모든 수사들이 참석하도록 했다. 그래서 아기는 프라하 가르멜회의 사랑을 받았고, 이들의 신심의 초석이 되었다.

후에 그 상은 더 많은 사람이 공경할 수 있도록 성당 안으로 옮겨졌다. 다니엘 월프(Daniel Wolf)는 그 첫번째 감실 기증자가 되었다.

신심의 다른 보급자들

1639년 엘리자베스 콜로브라트(Elizabeth Kolowrat) 남작 부인의 치유가 이 신심을 널리 퍼뜨리는 또 다른 자극제가 되었다. 그녀는 위대한 "하늘의 의사"인 경이로운 아기를 위해 순금 왕관을 만들게 하였다. 그녀의 남편은 자신이 생존해 있는 동안 가르멜회에 귀한 자선품들을 기증했고, 또한 은등잔과 값진 성유함을 유품으로 남겼다.

1641년 이 부인은 복되신 삼위 일체 제대 건립을 위하여 3천 플로린을 기증했는데, 공적 공경을 위해 공개되었을 때 경이로운 상을 안치하기 위하여 장엄하게 금으로 도금된 감실까지 갖추고 있었다. 뒤이어 수많은 호의가 아기에게 주어졌고 봉헌 제안자들이 크게 증가하였다.

또 다른 부인인 페브로니아 페르스틴(Febronia Perstyn)은 성당의 사제관을 5개의 붉고 흰 대리석 널판지로 꾸미는 것을 맡았으며, 브루네타(Brunetta)라는 부인은 그 상 앞에 전등을 설치하여 항상 불을 밝힐 수 있도록 하였다.

1642년 베니냐 로브코비츠(Benigna Lobkowitz) 남작 부인은 아기를 위하여 아름답고 훌륭한 경당을 건립하는 데 자금을 지원했고 그것은 1644년 예수의 성명(聖名) 축일에 축성되었다. 그 때부터 이 날은 경이로운 아기의 주요 축일로 남아 있다. 유세비아 페른스틴(Eusebia Pernstyn) 남작 부인은 보헤미아 솔니체(Solnice)에서 그녀의 재산과 관련된 소송에 이긴 감사의 표시로 아기와 관련된 모든 계획에 아낌없는 기증자가 되었다.

교회의 인가

이 신심에 대한 최초의 교회 인가는 프라하 대주교인 에른스트 하라크(Ernst Harrach) 추기경에 의해 이루어졌다. 1648년 5월 3일 그는 그 경당을 축성했고 재속 사제든 수도회 사제든 모든 사제들에게 그 제대에서 미사 드리는 것을 허락하였다. 1651년에 가르멜회의 총장인 거룩한 성사의 프란치스코(Francis of the Blessed Sacrament) 신부가 이 신심에 관계된 일들을 조사하기 위해 수도원을 순시하였다.

그 결과 그는 가르멜회 자체에 있었던 논쟁을 종결시키고 그 신심이 모든 신자들에게 영적인 이득이 되는 하느님의 섭리임을 인가하는 특별한 법령을 발표했다. 1655년 4월 4일 프라하의 아기는 장엄하게 대관식을 갖고 왕으로서 선포되었다.

이냐시오 마르티니츠(Ignatius Martinic) 백작이 금관을 선사했고, 하라크 추기경을 대리하여 프라하의 보좌 주교인 요셉 데 코르티(Joseph de Corti)에 의해 전례식이 거행되었다. 그래서 프라하의 아기에 대한 신심은 베들레헴의 아기와 구별하기 위하여 아기 왕(Infant King)에 대한 신심으로 지정되었다.

아기 왕을 대중들이 자발적으로 받아들임으로써 1741년, 기증자들에 의해 탈름베르크(Talmberg) 경당이라고 불리는 훌륭하고 웅장한 성소(聖所)가 승리의 성모 성당 남쪽에 건립되었다. 그곳은 세계에서 가장 유명한 곳 가운데 하나가 되었다.

동시에 아기 왕의 왕다운 면모는 프라하의 아기가 전 세계를 매료시키는 신심적 상징이 되었다. "경이로운"이라는 명칭은 다양한 인간의 욕구와 모든 계층의 사람들에 대한 풍성한 은혜로부터 붙게 되었다.

프라하의 아기에 대한 신심이, 왕들 중의 가장

위대한 왕이신 분의 소유물이 되고 역사적 사명 – 사람들의 영적 재생 – 을 완수하려는 신자들의 필요성으로부터 서서히 증대되어 교회법적이고 교회적인 요구의 토대 위에 굳건히 놓여 있다는 것은 분명하다.

이 신심의 보편적인 매력

이것은 프라하의 아기의 놀라운 이야기가 왜 세계적인 호응을 얻고 있는지, 왜 시간이 흐름에 따라 그 상이 실제적으로 모든 가톨릭 교회와 수녀원, 수도원, 가정을 장식하고 있는지, 그리고 왜 그의 신봉자들이 "네가 나를 공경하면 할수록 나는 너를 더욱 축복할 것이다."라는 그의 약속을 글자 그대로 마음에 새기는 것에 대해 그리 값진 보상을 받게 되는지 그 이유를 말해 주고 있다.

가르멜 회원들은 이 신심을 그들 사도직의 한 부분으로 여기게 되었고 이러한 확산은 1739년에 가르멜회 오스트리아 관구가 모든 개종자들은 공적인 신심과 더불어 상의 복제품을 소지하도록 명함으로써 더욱 가속화되었다.

18세기에 프라하의 아기 왕에 대한 대중적인 인기는 다른 여러 나라로 확산되었다. 하지만 세계 구석구석까지 확산되기에는 적지 않은 시간이 필요했다. 19세기에 신심은 계몽주의와 반종교주의 경향에 의해 다소 침체되어, 1896년 프라하의 아기 신도회를 확고히 하고 아기에 대한 신심에 많은 대사를 부여함으로써 아기에게 광채를 되돌려준 교황 레오 13세 때까지 이어졌다.

20세기에는 프라하의 아기의 위대한 영광이 싹트기 시작했는데, 특히 교황 비오 10세가 가르멜회의 지도 아래 가톨릭 단체로 회원 조직을 통합함으로써 싹 텄다.

프라하의 아기를 기리는 대중 역사서, 정기 간행물, 기도서 등 다양한 언어로 표현된 문학적 기고가 어린 왕에 대한 지식을 빠르게 전파했다. 상, 메달, 상본 등 신심을 표현하는 물건들의 수는 어마어마한 규모에 이르러, 종교 물품을 파는 가게에서는 다른 어떤 성물보다도 프라하의 아기가 앞도적인 판매를 기록하게 되었다. 이것은 단지 그의 놀라운 인기만을 증명하는 것이 아니라 프라하의 어린 왕이 "하늘과 땅의 모든 권력"을 지닌 유일한 분임을 알고 있는 그의 신봉자들에 의해 체험된 영적인 은혜의 한 표시이기도 하다.

제2부 프라하의 아기의 수호

프라하의 아기의 수호 능력은 신자들이 아기를 흠숭함으로써 가장 큰 은혜를 받는 인간들의 모든 문제 영역에 걸쳐 있다. 비록 우리가 하느님의 능력을 언급할 때 "한계"라는 단어를 생각할 수 없기는 하지만 정말로 역사는 아기의 수호가 모든 곳에서 가장 효과적임을 아주 충실히 드러낸다.

1. 프라하의 아기-소명의 주님

소명의 주님으로서 아기를 체험한 최초의 증인은 이 신심의 첫번째 개척자인 천주의 모친의 치릴로 신부였다. 그는 자신의 수도 소명에 대하여 확신하게 되었다. 그 상 자체에 대한 전체 이야기는 이런 점에 초점이 맞추어져 있다. 그리고 아기 왕이 "하느님 왕국을 찾는 것"에 우선적으로 헌신하는 그는 그의 종들을 잘 보살핀다는 것은 당연하다.

이것이 수도회에서 매달 16일부터 25일까지 하느님의 부르심을 받기 위해 9일 기도를 바치는 이유가 된다. 여러 방법으로 행해지는 이러한 9일 기도의 다양성은 "선택된 자" 중에 하나이기를 소망하는 모든 이들의 자발적인 충동을 나타낸다. "선택되는 것"은 전적으로 하느님의 선택에 달려 있기 때문에 모든 소명의 복잡성은 특별한 하느님의 수호를 필요로 한다.

2. 프라하의 아기-건강의 보호자

소명이란 영적인 좋은 건강의 결과이기 때문에 평신도들의 주요 관심이 좋은 육체적 건강에 대한 바람 속에 반영되는 것은 당연하다고 하겠다. 아기에 대한 신심의 역사는 최초의 은혜를 받은 사람들 가운데 질병의 완치를 받은 사람들이 포함되어 있음을 보여 주고 있다.

아기에 대한 모든 역사서들은 신자들의 건강 보호가 그의 수호 능력 가운데 빼놓을 수 없는 부분임을 입증하는 많은 비범한 행적들을 기록하고 있다. 초기 가르멜회 역사학자인 에메리크(Emmerich) 신부는 그를 "하늘의 의사"라고 불렀다.

멕시코(모렐리아의 대주교에 의해 육성)와 시카고(신언회 신부들에 의해 육성) 지역에서 나타나는 바와 같이 건강을 기원하는 거룩한 아기에 대한 현대의 신심은 그 동안 세계의 다른 많은 나라에서 보여 준 건강의 수호자로서 아기에 대한 신심의 형태와 유사하다는 것을 여기서 지적하는 것이 적절할 것 같다.

이러한 신심들 사이의 유사성은 건강의 수호자로서의 프라하의 아기의 인기를 나타낸다. 유럽 여러 나라에 있는 많은 건강 휴양소에는 "하늘의 의사"라는 칭호를 입증하는 그의 상이 놓여 있다.

프라하의 아기가 병들거나 지능 발달이 늦은 아이들의 수호자라는 점을 강조하는 것은 특별히 흥미롭다. 특히 미국에서는 어린이 협회, 고아원, 양육 기관 등에서 프라하의 아기를 그들의 권능 있는 수호자로 모시고 있다. 이 신심의 초기 역사는 아픈 어린이들이 어떻게 그의 호의를 받았는지 강조하고 있다.

영적으로 심리적으로, 아이들과 관련하여 아기를 보려는 이런 접근은 성서에 기록된 대로 그들에 대한 그리스도의 온유함을 그대로 반영하고 있다. 사실 가장 도움을 필요로 하는 자가 최상의 도움을 부여받을 자격과 특권이 있다고 하겠다.

최근 몇 년 동안 프라하의 아기는 소아마비, 중풍, 암, 관절염 그리고 다른 신체 장애로 고통받는 이들에게 받아들여지고 있다. 특히 실제로 시카고와 뉴욕 시에 있는 모든 병원과 재활 의학 센터의 환자들은 아기 상을 모시는 것을 기쁘게 여기며, 그에 대한 신심을 드러내고 있다. 이 분야에 대한 연구 보고가 이 점에 수긍이 가게 한다.

3. 프라하의 아기-훌륭한 재무관

모든 이들의 생활 가운데 가장 흔히 발생하는 문제는 물질적인 번창이다. 실제로 인간의 희망을 넘어서는 것으로 보이는 재정적 걱정과 근심의 상황이 있다. 이와 관련하여 프라하의 아기가 인간의 물질적 욕구에 어떻게 도움을 주는지 보여 주는 상의 수리에 얽힌 고무적인 이야기가 있다.

프라하의 맨발 가르멜 회원들은 그를 집안에 주인으로 모시고, 수도원의 관리가 잘되게 해주기를 기대하였다. 이것이 다른 수도회에 영감이 되었고, 그들은 그를 그들의 훌륭한 부양자로 받아들였다. 어떤 곳에서는 프라하의 아기가 교회나 학교 건물의 보호자로, 혹은 재정 계획의 보호자로 선택되었으며 그는 결코 그의 후원자들을 낙담시킨 적이 없다.

일부 신도들은 수입을 바라며 그의 상 아래에 동전이나 수표 등을 놓기도 하고 아기를 기리는 9일 기도를 바치기도 한다. 그는 열망하는 이들의 실제적인 마음을 움직여 사업을 조정하는 길을 찾도록 인도하기조차 한다. 아기에 대한 이러한 신심은 사업을 성공적으로 이끌려는 바람에서 사업계에 널리 퍼져 있다.

서로 이용하는 대신에 정직과 품위를 지닌 도덕적인 표준에 근거하여 사업을 하려는 이러한 생각은 높이 권장되어야 하며, 정직한 노력에 대하여 하느님의 축복을 찾는 일에는 아무런 미신적인 요소가 없다.

4. 프라하의 아기-가정의 은신처

이 신심 초기부터 프라하 사람들은 경이로운 상의 복제품을 가정에 모시고, 자신들을 아기에게 봉헌했다. 점차적으로 아기의 상본과 상은 모든 대륙의 가정으로 전파되었다. 사실 원래의 그 상도 마리아 만리케스 데 라라(Maria Manriquez de Lara)의 가보였으며, 이는 가정이 아기를 공경하는 첫번째 장소로 예정되었음을 가리킨다.

"함께 기도하는 가정은 함께 머문다."라는 현대의 격언은 아기 상 앞에서 보다 효과적인 것이 되고 있다. "연륜, 지혜 그리고 은총" 안에서 아이들을 가르치고 양육하는 것은 부모의 가장 중요한 역할로 여겨진다. 따라서 그들이 모든 아이들에게 반영되어야 할 바로 이러한 덕목들에서 뛰어난 아기를 선택하는 것은 당연하다.

5. 프라하의 아기-아이들의 기쁨

아이들은 특별한 하느님의 보호를 누린다. 성서에 예수님이 말씀하시기를 "어린 아이들이 나에게 오는 것을 그대로 두어라."고 하셨다. 아이들에 대한 사도직은 아기의 특별한 수호를 받는다. 학교뿐 아니라 많은 고아원, 병원, 양육 기관 및 아이들을 위한 교육 센터에서는 적절한 신심 행사와 더불어 그들의 거처에 아기 상을 모시고 있다. 상을 통하여 발산되는 부드러움은 특히나 더 어린이의 영혼에 감화를 주며 그들은 그의 보호 아래서 완전한 안전을 체험한다.

6. 프라하의 아기-학교의 수호자

학교가 프라하의 아기의 특별한 수호를 누린다는 것은 각 개인의 자유와 연관되어 있다. 따라서 예수님은 "길이요 진리요 생명"이기 때문에 어린이들이 인간 지식의 모든 분야에서 진정한 진리에 이르는 데 있어 자유를 느끼는 곳은 학교이다.

거룩한 유년 시절로부터 유래된 교훈들은 다음

의 작은 실천적 조언으로 설명될 수 있다.
1) 모든 교실마다 상을 모신다.
2) 바르게 성장하는 본보기로서 프라하의 거룩한 아기를 받아들인다.
3) 작은 메달을 받기 위해 배우고, 아기에게 작은 로사리오 기도를 바친다.
4) 매달 25일 아기에게 젊음을 봉헌하고, 그의 보호 아래 자신을 맡긴다.

이는 또한 다양한 클럽과 문화 협회 혹은 젊은이들이 배우는 과정 중에 있는 어느 곳에서나 적용될 수 있어야 한다.

7. 프라하의 아기 – 평화의 왕자

프라하 사람들은 30년 전쟁(1618-1648)의 험난한 세월 동안 아기의 특별한 보호를 매우 자주 경험했다. 에메리크 신부가 그의 독일어 전기집에서 강조했던 것처럼 그들은 그를 "평화의 왕자"라고 불렀다. 많은 복잡한 정치 상황에 있어서 그의 놀라운 해결에 대한 감사의 뜻으로 프라하의 사람들은 그를 왕으로 선언했고 많은 경우에 현실적인 방법으로 그것을 표현했다.

상징적으로, 세상의 평화를 위한 아기의 바람은 그의 손안에 세계를 쥐고 있는 것으로 표현된다. 현대에, 지구 전체가 파괴적인 핵무기에 위협받고 모든 나라의 안전을 위하여 영구적인 평화가 절실히 요구되는 이 때에 평화의 왕자로서 그의 수호가 그 어느 때보다도 더욱 절실하다고 할 수 있다.

"마음이 착한 사람들에게 평화"는 사실 베들레헴에서의 첫 메시지였으며, 어떻게 평화의 왕자의 이러한 역할이 그의 사명에 대한 간결하고 의미 심장한 해석인가를 분명하고도 함축적으로 보여 주고 있다. 더욱이 왕으로서의 거룩한 아기는 역사상 자주 등장하는 독재자들에게, 하느님께 기쁨을 주는 것은 장사(壯士)가 아니라 어린이들임을 인상적으로 일깨워 주는 역할을 해 왔다.

8. 프라하의 아기-자유의 원천
인류는 창조주로부터 자유로운 존재의 품위를 부

여받았다. 오직 자유로운 존재만이 그의 영원한 운명을 선택할 수 있다. 그러나 인간 관계, 혹 사회는 때로 총체적인 안전이라는 목표를 달성하기 위해 인간으로부터 자유를 빼앗기도 한다. 사회 또는 국가에 가해지는 압력은 종종 개인의 자유와 표현이 제한되고 심지어 말살되는 상황을 만들어 내며 인간의 권리와 행복 추구를 중단시키기도 한다.

왕이신 그리스도의 기치 아래서만 인류는 그들의 자유를 누릴 수 있으며, 결과적으로 그리스도께서는 자유를 갈망하는 모든 이들에게―심지어 노예의 상태에서조차도―귀를 기울이신다는 것은 명백하다. 인류의 역사에 등장하는 모든 독재자들은 무엇보다도 종교적인 자유의 억압자들이었다는 것과 그것이 특히 위에 언급된 이유들 때문이라는 사실은 흥미롭게 주목할 만하다.

9. 프라하의 아기―선교 활동의 조력자

그리스도를 위해 영혼을 얻는 것은 하느님의 왕국을 확장하는 일이며, 프라하의 아기는 선교 활동의 조력자로서 인정되어 왔다. 사실 하느님의 왕국을 위해 영혼을 구원하려는 모든 노력을 지원해 주는 것이 왕이신 그리스도의 고유 업무이다. 그러므로 선교사들이 상을 지니고 다니며 자신들의 전교 활동을 그의 보호 아래 맡기는 것은 우연한 일이 아니다. 아기에 대한 신심이 짧은 시간에 세계의 모든 대륙으로 그렇게 널리 퍼질 수 있었던 것은 다름 아닌 그들의 노력 때문이었다.

지금까지 소개된 프라하의 아기의 특별한 보호에 관한 내용은 수세기 동안 역사적 기록과 기원문 속에 끊임없이 등장한 것이다. 그렇지만 여기에서 언급되지 않은 인간적인 필요의 다른 영역이 그의 자애로운 보살핌으로부터 제외됨을 의미하는 것은 아니다.

한편 거룩한 아기의 외모에서 나타나는 하느님의 아들, 구원자(savier)와 구세주(redeemer)와 같은 인상적인 표현은 어떠한 문제도 들어 주리라는 희망 속에 그의 보살핌 안에 맡길 수 있도록 그를 드러낸다. 아기를 전적으로 신뢰하는 어린 아이와 같은 접근이야말로 신심으로부터 발산되는 최대의 신비 같다고 하겠다.

더욱이, 그의 역사적인 약속인 "네가 나를 공경하면 할수록 나는 너를 더욱더 축복할 것이다!"에서 나타나는 것처럼 하느님의 축복이 그 기대되는 공경을 지닐 때 보증된다는 사실은 아기가 어떠한 필요에 대하여 귀를 기울이시는지 안 기울이시는지 하는 어떠한 의구심도 사라지게 한다. 그러나 여기에는 다음과 같은 두 가지 요소가 있다. 곧 전적인 신뢰와 아기를 공경하려는 의지로, 이는 모든 사람에게 아기의 호의의 보물을 얻을 수 있는 열쇠가 된다고 하겠다.

10. 프라하의 아기-안전의 보호자

최근 들어 프라하의 아기의 엄청난 인기는 비행기, 기차 그리고 특히 자동차와 같은 운송 분야에서도 발견된다. 위험한 사고가 빈번하게 일어나는 복잡한 주요 간선 도로와 고속 도로에서 안전의 보호자로서 그를 상징하는 물건들(작은 상, 메달, 스티커 등)이 어느 자동차 안에서나 쉽게 눈에 띈다. 갑작스런 죽음을 방지하기 위하여 경이로운 프라하의 아기의 강한 보호 아래 우리를 맡기려는 행위는 크게 권장될 것이다. 그것은 하느님의 아들로서 그가 모든 상황에서 우리의 영원한 구원을 보장할 것이 분명하기 때문이다.

우연한 것처럼 보이겠지만, 내가 경험한 다음 사례는 사실이다. 1956년 코네티컷 주의 브리지포트에서 뉴욕으로 가는 길을, 기차표가 있기는 했지만 나는 목적지를 향해 걸어가고 있었다. 나는 기차를 2시간이나 기다렸고, 무언가 그곳에서 더 이상 시간을 허비하지 말라고 말하는 것같이 느껴졌다. 길을 따라 걷고 있을 때 나는 끔찍한 소리를 들었고, 누군가 나에게 앞쪽에서 충돌 사고가 일어났다고 얘기해 주었다. 나는 주머니 속에 항상 지니고 다니던 영대를 만지면서 그곳으로 달려갔다. 앰뷸런스가 오는 동안 나는 부상당한 이들 모두에게 성사를 집행했다.

이 사고에는 3대의 차량이 관련되었다. 그런데

내가 잊을 수 없었던 것은 세 번째 차 안에 프라하의 아기의 상이 있었다는 사실이다. 내가 그 차에서 종부 의식을 마친 후, 계기판 위에 놓인 아기 상을 보았을 때 나는 상 앞에 놓인 작은 종이 조각에 다음과 같이 쓰여진 것을 발견했다. "사랑하올 아기 예수님, 사고가 날 경우에 사제가 가까이 있도록 살펴 주소서." 비록 심하게 다치긴 하였지만, 이 사고에 관련된 사람들은 모두 회복되었다.

제3부 신심의 영적 보물

프라하의 거룩한 아기 예수 단체의 규칙
(1913년 7월 24일 공의회 성성과
1923년 2월 17일 "답서")

1. 단체의 목적

1) 거룩한 아기 예수께 대한 예배를 촉진시킨다. 그분의 숨겨진 삶과 말로는 다 표현할 수 없는 미덕을 본받기 위하여 그분의 행적에 대해 신자들, 특히 회원들의 경건한 묵상을 제안한다. 이를 달성함으로써 그들의 가슴을 육화하신 말씀에 대한 사랑으로 더욱더 불타오르게 한다.

2) 모든 회원들, 특히 어린 아이들을 거룩한 아기 예수의 특별 보호 아래 두며, 그분의 풍성한 축복에 감사하게 한다. 그분은 무죄한 사람들을 지켜

주시고 세상의 덫과 타락으로부터 그들을 보호해 주신다.

2. 단체의 관리와 행사

1) 단체의 장은 그 단체가 설립된 가르멜회 성당이나 경당의 수도원장으로 한다. 성당이나 경당이 이 수도회에 속하지 않는 경우에 장의 임명은 교구장의 승인에 따르도록 한다.

2) 회원들에 의하여 자발적으로 제공되는 돈은 전적으로 거룩한 예배의 확장을 위하여 쓰이거나 이교 아이들의 속죄를 위한 선교 활동에 사용될 것이다.

3) 매달 25일 또는 다른 특별한 날을 정하여 거룩한 아기 예수를 기리는 종교 행사를 단체의 성당이나 경당에서 실시한다.

4) 단체의 연중 축제는 할손례(현재의 천주의 모친 성 마리아 대축일) 이후 첫번째 주일 또는 다른 특별한 날을 정하여 장엄하게 거행한다.

3. 회원의 임무

1) 단체에 마련된 장부에 이름을 등록한다.

2) 환영식에서 사제로부터 축성을 받고 거룩한 아기 예수의 메달을 목이나 다른 적당한 위치에 단다.

3) 하루에 3번 "거룩하신 아기 예수님, 저를 축복하소서."라는 절실한 기도와 함께 "영광송"을 암송한다.

4. 회원에게 추천하는 종교 활동

1) 종교적인 관심을 갖고 연중 축제의 장엄 미사뿐 아니라 매달 25일 혹은 그 외 특별한 날에 단체의 성당이나 경당에서 거룩한 아기 예수를 기리기 위해 행해지는 신심 행사에 참석한다.

2) 나이가 허락하는 한, 특별히 주님의 축일과 정기적인 월중 신심일에는 자주 고해 성사와 성체 성사를 받는다.

거의 모든 나라가 아기에 대한 신심을 위하여 국립 본부와 함께 이른바 프라하의 아기의 국가적 성소를 두고 있으며 그것이 신심 향상에 많은 도움을 주고 있다. 단체가 아직 설립되지 않은 곳, 또는 아직 원하고 있지 않는 곳에서는 신자들이 국립 본부 가장 가까운 곳에 등록하는 것이 바람직하다.

신심 행사

프라하의 아기에 대한 신심 초창기부터, 예수의 성명 축일은 원래 1월 14일로 고정된 연중 축일이었지만 1721년 교황 인노첸시오 13세에 의해 주의 공현 후 두 번째 주일로 옮겨졌다. 비오 10세는, 행사가 겹치지만 않는다면 할손례(천주의 모친 성 마리아 대축일)와 주의 공현 사이의 주일, 또는 1월 2일로 축일을 정하였다. 이 경우 외부에서 거행하는 장엄 미사는 주의 공현 후 두 번째 주일로 옮겨질 수 있다.

단체의 규칙은 이러한 전통을 선호한다. 그러나 예수의 성명 축일부터 봉헌 미사를 바치는 특권을 활용함으로써 적당한 다른 날에 단체 축일을 지낼 수 있는 기회를 주고 있다.

단체의 모든 회원은 성사를 받고, 성당에서 또는 단체의 경당에서 적절한 신심 행사나 9일 기도에 참석함으로써 예수의 성명 축일을 지키는 것이 권장된다

우리의 구세주 탄생을 기리는 기념 행사로 매달 25일에 열리는 단체의 월중 축일이 있다. 비록 이 신심의 특성이 결정되어 있지는 않지만 회원들에게 거룩한 아기의 신비를 상기시켜 주는 역할을 한다. 단체의 규칙에 의해, 이런 경우 회원들은 성사를 받고 나이가 허락된다면 전통적인 신심 행사에 참여하도록 권장된다.

어떤 나라에서는 여러 개의 다른 가르멜회 센터에서 우리 주 예수 그리스도의 유년 시절의 신비를 기리는 종교 행사를 지내는데 일 년 중 12번의 주일을 정하여 연속적으로 개최한다.

단체의 이러한 공식적인 날들 외에도 많은 종교적인 행사들이 있는데 그런 것들은 수도회 수준으로 혹은 개인적인 수준으로 행해진다. 주말 신심은 꽤 대중적이 되었으며 어떠한 날이 선택되는가 하

는 것은 수도원장 또는 전통에 의해 특별히 선호되는 날에 달려 있다. 이러한 주말 신심 프로그램은 다양하다. 대개 그것은 신심적인 봉사와 축복으로 구성된다. 또한 일부에서는 어린이들을 축복하는 것이 행사의 일부가 되기도 한다.

이탈리아(아렌차노)와 같은 나라에서는 9월 첫째 주일과 같은 일 년 중 특별한 날이 이런 축복을 위해 마련된다. 그러나 개인적 단계에서의 신심 활동은 다르며, 어떤 신자들은 특정한 필요에 의해 이른바 폭풍의 9일 기도로 짧은 기도를 매일 매시간 암송한다. 또 다른 신자들은 아기의 축복을 비는 짧은 기원문으로 구성된, 단체에서 지정한 의무적인 기도를 바친다.

이 신심에 있어서 특별한 장소가 9일 기도를 위하여 마련되는데, 그것은 매년, 매달, 매주, 매일, 매시간 바치는 9일 기도일 수 있다. 한편 매일 또는 매시간 9일 기도는 개인의 선택에 의해 결정되는 반면, 매주, 매월, 또는 매년 바치는 9일 기도는 대개 수도회에 의해 결정된다. 중요한 장소는 수도회에서 매달 개최되는 소명 9일 기도라고 불리는 9일 기도에 할애된다.

모든 이러한 신심 활동이 너무나 다양하기 때문에 그것들 안에서 바람직한 통일성을 찾기는 쉽지 않다. 신심의 다양성과 여러 성당에서 사용하는 9일 기도 책자의 다양성은 단지 사람들에게 선호되는 기도문과 성가를 보여 주고 있을 뿐만 아니라, 사람들에게 강력한 호소력을 지닌 아기 예수에 대한 신심의 인기를 명확히 말해 주고 있다.

학생들에 대한 축복

많은 나라에서, 이런 특별한 축복의 날은 대개 9월의 첫째 주일이다. 그러나 이 날은 다른 적당한 날이 될 수도 있다.

중백의에 영대를 멘 사제가 아이들을 향해서 돌아서면서 기도드린다.

계: 우리의 도움은 주님의 이름에 있도다.

응: **하늘과 땅을 만드신 분이시로다.**
후렴: 주님을 찬양하라, 아이들아, 주님의 이름을
 찬양하라.
주님을 찬양하라, 아이들아,
 주님의 이름을 찬양하라.
주님의 이름은 복되도다,
 이제와 항상 영원히.
해돋이에서 해넘이까지
 주님의 이름은 찬미를 받으소서.
모든 나라보다 높은 곳에 주님은 계시며,
 하늘보다 높은 곳에 그분의 영광이 있도다.
누가 우리의 하느님, 주님과 같은가.
 누가 그 높은 왕좌에 앉아서 위로 하늘을 바라보고 아래로는 땅을 굽어보는가?
그분은 먼지로부터 천한 이들을 끌어올리셨고,
 쓰레기 더미 속에서 가난한 이들을 들어 올리셨도다.
왕자들과 더불어 앉히기 위해,
 그분의 백성들의 왕자들과 함께.

그분은 그녀의 가정에 애 못 낳는 아내를
  아이들의 기쁨에 찬 어머니로서 정립하신다.
영광송.

후렴이 반복된다.

후렴: 주님을 찬양하라, 아이들아, 주님의 이름을
  찬양하라.

사제가 계속한다.

계: 어린 아이들이 나에게 오게 내버려 두어라.
응: **하늘 나라가 이들의 것이다.**
계: 그들의 천사가
응: **항상 아버지의 얼굴을 바라보도다.**
계: 적들이 그들을 대항하여 승리하도록 하지 말라.
응: **부정한 아들이 그들을 해치기 위해 가까이 오
  도록 하지 말라.**
계: 오 주님, 저의 기도를 들어 주소서.

응: **저의 외침이 당신께 이르도록 하소서.**
계: 주님께서 여러분과 함께.
응: **또한 사제와 함께.**

기도합시다. 오 주 예수님, 당신은 당신께로 온 아이들을 포옹하셨나이다. 당신의 손을 그들 위에 얹으시고 다음과 같이 말씀하시며 그들을 축복하셨나이다. "그들을 나에게 오도록 하고, 막지 말아라. 하느님의 왕국은 그들과 같은 이들에게 속해 있다." 또한 "하늘에 있는 그들의 천사들이 끊임없이 나의 아버지의 얼굴을 바라보고 있다."

이런 어린이들의 천진 무구함과 그 부모들의 신심을 바라보시고 저희의 직무를 통하여 자비롭게 그들을 축복하소서. 그들이 당신께 대한 지식과 사랑 속에서 성장하고 당신의 계율을 지킴으로써 충실히 당신께 봉사하고 그들이 바라는 목표에 도달할 수 있도록 도우소서. 당신은 성부와 성령과 함께 영원히 살아 계시며 다스리시나이다.

응: **아멘.**

기도합시다. 주님, 복되신 동정 마리아의 전구를

통하여 모든 불행으로부터 이 가정을 지켜 주소서. 그들이 당신 앞에 겸손되이 무릎 꿇을 때, 적의 모든 덫에서부터 그들을 보호해 주소서. 이 모든 것을 우리 주 그리스도를 통하여 청하나이다.
응: **아멘.**

 기도합시다. 하느님, 당신의 섭리로, 저희를 돌보아 줄 천사를 보내 주소서. 저희가 항상 그들의 보호 아래 있게 하시고 어느 날 하늘 나라에서 그들과 어울리게 하소서.
응: **아멘.**

 그런 후 사제는 십자를 그으며 아이들을 축복하고 말한다.

성부와 성자와 성령이신 하느님, 이들을 축복하소서. 이들의 마음과 정신을 건강하게 하소서.
응: **아멘.**

 그리고 사제는 그들에게 성수를 뿌린다. 강론과

아이들의 봉헌이 뒤따르고 축복으로 행사를 끝맺는다.

프라하의 아기 예수님께 드리는 아이들의 봉헌 기도

경이로운 아기 예수님, 저는 당신을 저의 가장 사랑하는 어린 왕으로 알고 흠숭하나이다. 당신의 왕국을 저의 가슴에 그리고 모든 이의 가슴에 세우소서. 전 세계에 뿌려 주신 당신의 끝없는 자비와 강복에 감사드리나이다. 당신의 거룩한 위엄을 거슬러 범해지는 수많은 죄들을 용서하소서. 이런 존경의 몸짓을 받아 주시고, 제가 저의 죄와 다른 이들의 죄를 기워 갚기 위해 당신께 바치는 것을 사랑해 주소서.

마음이 겸손하고 온유한 사람이 되고 당신의 이름으로 저에게 권위를 행사하는 모든 이들에게 순종하는 자가 되도록 가르치시어 하느님과 인간 앞에서 지혜와 연륜, 은총 속에서 성장하도록 해주소서. 저의 마음속에 하늘 나라에 들어가는 데 필수적인 어린 아이와 같은 천진함과 정직, 겸손, 믿음을 불어넣어 주소서. 유혹으로부터 저를 강하게 해주시고 저의 생각과 희망, 말과 행동을 바로잡아 주소서.

 당신의 봉사 행위와 당신 교회의 봉사에 제가 흔들림 없이 충실하게 해주시고 저의 나라, 저의 가정, 저의 학교의 이상에 충실하게 해주소서. 저에게 배움을 사랑하고 좋은 것과 아름다운 것을 헤아릴 수 있게 해주소서. 다른 사람들과 사귐에 있어 저 자신을 고귀하고 관대하게 만들어 주소서. 사제들에 대한 존경과 존중을 허락하시고 이 숭고한 부름으로 당신께 봉사하는 모든 이들을 축복하소서.

 저의 부모님, 친척들, 선생님들과 학급 친구들 그리고 어떤 식으로든 저와 연관된 모든 이들을 강복하소서. 모든 아이들을 강복하시고 특히 생활의 궁핍과 아픔으로 고통받는 아이들을 강복하소서. 가장 사랑하는 예수님, 저의 젊은 날들을 축복하시어 영원한 생명을 위해 이익이 되게 하소서. 그리하여 마침내 저의 날의 마지막을 맞아 그림자가 드리울 때, 친숙한 강복으로 들어 올려진 당신의 작은 손이 저의 마지막 축복을 위하여 제 위를 쓰다듬게 하소서. 당신을 경배하는 자들을 축복하리라는 당신의 약속이 저의 희망과 위로의 원천이 되게 하소서.

오, 경이로운 프라하의 아기 예수님, 당신은 약속하셨나이다. "네가 나를 공경하면 할수록 나는 더욱 너를 축복하겠다." 저와 저에게 가깝고 귀중한 모든 이들이 성취의 기쁨을 알게 하소서.

프라하의 아기의 작은 로사리오

작은 왕관이라고 불리는 이 로사리오의 기원과 실천은 가경자인 복된 성사의 마가렛(Margaret) 수녀 －보네(Beaune) 가르멜의 수녀로 1648년 사망－로부터 유래한다. 이 묵주는 15개의 구슬로 이어져 있는데, 세 개의 구슬이 성가정－예수, 마리아, 요셉－을 경배하는 형태로 되어 있으며, 이들 위로 주님의 기도를 세 번 암송한다. 12개의 다른 구슬은 그리스도의 거룩한 어린 시절을 경배하는 것이고 그것 위로 성모송을 12번 암송한다. 매번 주님의 기도를 드리기 전에 "말씀이 사람이 되셨나이다."라고 말하며, 12번의 성모송 시작에 앞서서는 "말씀이 사람이 되시어, 우리 가운데 계시도다."라고 기도한다.

프라하의 아기의 대관식

몇몇 나라에서 실시하는 프라하의 아기 복제품의 대관식은 연중 기념식을 포함하여 아기의 첫번째 장엄한 대관식(1655. 4. 5.)에서 유래한다. 그러나 그러한 대관식에 있어 확립된 예식 전통이 있는 것은 아니다. 이것은 오히려 프라하의 아기가 세상의 왕임을 나타낸다는 사실에 위엄성을 부여하는 데 목적이 있다. 어느 시기가 적합한가 하는 것은 수도원장에게 달려 있으나 가장 적당한 시기는 예수의 성명 축일이나 그리스도 왕 대축일이다.

이러한 대관식을 거행하는 데 있어서 방법의 다양성은 단지 그 행사를 위하여 준비되는 기도가 3

일 묵상이나 혹은 9일 기도냐의 차이일 뿐이고, 강복 예절 동안 아기 왕에 대한 사람들의 봉헌이 행사의 절정을 이룬다. 기도의 적용은 다양하나 그 어떤 경우에나 왕이신 그리스도님께 대한 봉헌 기도는 권장될 수 있다.

왕이신 그리스도님께 대한 기도

오 예수 그리스도님, 저는 당신이 우주의 왕이심을 아나이다. 지금껏 창조된 모든 것은 당신을 위하여 창조되었나이다. 저에게 당신의 모든 권리를 행사하소서. 저는 사탄과 그의 일과 허식과의 관계를 끊고, 세례 때의 약속을 새롭게 하나이다. 저는 훌륭한 크리스찬의 삶을 살고, 하느님의 권리와 당신 교회의 승리를 위해 힘이 닿는 한 모든 것을 할 것을 약속하나이다.

  예수의 성심이여, 모든 마음들이 당신의 거룩한 왕권을 깨달음으로써 당신의 평화스런 통치가 온 세계를 통하여 이룩되게 하기 위하여 저의 부족한 이 노력을 당신께 바치나이다. 아멘.

대관식 찬송

오 왕이신 예수님, 당신께 왕관을 씌우나이다.
　가장 공정함의 왕관으로
당신은 온 세상을 홀로 다스리시나이다.
　당신의 힘은 어디에나 있나이다.
자랑스러움으로 당신의 이야기를 하나이다.
　오 놀라운 프라하의 아기 예수님!
기쁨으로 당신의 영광을 찬송하나이다.
　오 프라하의 어린 왕이시여!

갈망

　왕이신 그리스도님께 대한 갈망은 가장 타당해 보인다. 다음이 그것이다.

왕이시며 모든 영혼의 중심이신 예수님, 당신 왕국
　의 도래를 통해 저희에게 평화를 주소서.
그리스도님께서 정복하시도다! 그리스도님께서 다
　스리시도다! 그리스도님께서 명하시도다!

프라하의 아기 예수 성당

제4부 역사적인 기도문들

이 신심의 최초 주창자이자 가경자인 천주의 모친의 치릴로 신부에 의해 고무되고, 프라하의 승리의 성모 성당 아기 예수 성소(聖所)에서 사용되었던 이 역사적인 기도문들이야말로 아기 왕에 대한 신심의 기본적인 특성을 드러내는 가장 중요한 기도문들이다.

가경자 치릴로 신부의 갈망

저의 거룩하신 아기 예수님, 당신을 사랑하나이다.
하느님의 아들이시며, 동정 마리아의 아들이시여
기도하오니, 현재의 욕망에서 저를 구하소서.
진실로, 그리고 확고히 당신을 믿사오니
하느님으로서 당신은 저에게 주실 수 있나이다.

그러므로 확고히 당신께 제 희망을 맡기나이다.
당신의 은혜를 저에게 내려 주소서.
이제 마음과 영혼으로 당신을 소중히 여기나이다.
저의 죄로 인한 슬픔이 저의 마음을 매우 아프게 하나이다.
그 죄들 때문에 당신께 겸손되이 청하오니
오 예수님, 그것들을 뿌리째 뽑아 주소서.
더 이상 당신의 마음을 상하지 않기로 약속하나이다.
그리고 예수님, 이 모든 것을 당신께 맡기나이다.
당신을 위하여 제 몸과 같이 제 이웃을 사랑하겠나이다.
높은 권세를 지니신 주님, 저의 이 갈망하는 기도를 들으소서.
당신께 충성되이 봉사하며
당신을 흠숭하고 그에 맞게 경배하겠나이다.
욕망으로부터 저를 구하소서.
성모와 요셉과 동정녀 데레사와 함께 머무시어
저희로 하여금 영원히 천국의 낙원을 거닐 수 있게 해주소서.

오 저의 예수님, 예수님, 가장 사랑하올 예수님,
저희에게 자비를 베푸소서. 아멘! 아멘! 아멘!

아기 예수님께 드리는 치릴로 신부의 기도

예수님, 저는 당신께로 향하나이다.
당신의 어머니를 통하여 당신께 기도하나이다.
저의 욕망으로부터 저를 구하소서.
진실로 저는 당신을 믿나이다.
하느님이신 당신은 저를 보호하실 힘을 지니셨나이다.
충만한 신뢰로 저는 당신 안에 희망을 두나이다.
당신의 은총을 저에게 내려 주소서.
저의 온 마음을 당신께 맡기나이다.
저의 죄를 회개하나이다.
그리고 그 범죄에 대하여 당신께 탄원하나이다.
죄의 속박으로부터 저를 자유롭게 하소서.
자신을 바르게 하려는 저의 의지에 힘을 주소서.
다시는 당신을 슬프게 하지 않겠나이다.
당신께 저 자신을 완전히 드리오며

충실하게 당신께 봉사하겠나이다.
당신의 사랑에 대한 보답으로
제 자신처럼 제 이웃 역시 사랑하겠나이다.
아기 예수님, 당신께 간절히 청하오니
저의 모든 필요에 저를 도와 주소서.
당신을 기쁘게 할 그 날에,
요셉과 마리아와 모든 천사와 함께
영원히 편안하기를. 아멘.

예수의 성명 호칭 기도

주님, 자비를 베푸소서.
그리스도님, 자비를 베푸소서.
주님, 자비를 베푸소서.
그리스도님, 저희에게 귀 기울이소서.
그리스도님, 저희에게 자비로이 귀 기울이소서.
하늘에 계신 성부 하느님, **저희에게 자비를 베푸소서!**
세상의 구세주이신 성자 하느님,…

성령이신 하느님,
성삼이시며 한 분이신 하느님,
살아 계신 하느님의 아들 예수님,
성모 마리아의 아들이신 예수님,
전능하신 하느님이신 예수님,
가장 강하신 예수님,
가장 완벽하신 예수님,
최상의 찬양을 받으실 예수님,
가장 훌륭하신 예수님,
가장 사랑스러우신 예수님,
가장 애정이 깊으신 예수님,
별보다 더 환하신 예수님,
달보다 더 아름다우신 예수님,
태양보다 더 밝으신 예수님,
가장 겸손하신 예수님,
가장 관대하신 예수님,
가장 인내로우신 예수님,
가장 친절하신 예수님,
순결의 연인이신 예수님,

저희의 기쁨이요 사랑이신 예수님, **저희에게 자비를 베푸소서!**
평화의 왕이신 예수님, …
내적 삶의 거울이신 예수님,
모든 덕의 모범이신 예수님,
영혼을 위해 열성적인 예수님,
저희의 은신처이신 예수님,
가난한 이들의 아버지이신 예수님,
고통받는 자들의 위로자이신 예수님,
신자들의 보물이신 예수님,
귀중한 보석이신 예수님,
완성의 보고이신 예수님,
착한 목자이신 예수님,
바다의 별이신 예수님,
세상의 참빛이신 예수님,
영원한 지혜이신 예수님,
무한히 선하신 예수님,
천사들의 기쁨이신 예수님,
성조들의 왕이신 예수님,

예언자들의 지도자이신 예수님,
사도들의 지도자이신 예수님,
복음서 저자들의 스승이신 예수님,
순교자들의 힘이신 예수님,
증거자들의 빛이신 예수님,
동정녀들의 배우자이신 예수님,
모든 성인들의 왕관이신 예수님,
자비하신 분, **저희를 용서하소서, 오 예수님.**
자비하신 분, **저희를 구원하소서, 오 예수님.**
모든 악으로부터, **저희를 구원하소서, 오 예수님.**
모든 죄악으로부터,…
당신의 노여움으로부터,
악마의 유혹으로부터,
당신의 계명을 어기는 일로부터,
모든 적의 공격으로부터,
당신의 거룩한 육화를 통하여,
당신의 거룩한 강림을 통하여,
당신의 거룩한 탄생을 통하여,
당신의 거룩한 할례를 통하여,

당신의 거룩한 고통과 수고를 통하여, **저희를 구원하소서, 오 예수님.**
당신이 받으신 징벌을 통하여,…
당신의 거룩한 죽음을 통하여,
당신의 거룩한 부활을 통하여,
당신의 거룩한 승천을 통하여,
당신의 거룩한 대관식을 통하여,
당신의 영광을 통하여,
당신의 어머니이신 동정 마리아의 중개를 통하여,
모든 성인의 중개를 통하여,
하느님의 어린양, 세상의 죄를 없애시는 주님, **저희를 용서하소서.**
하느님의 어린양, 세상의 죄를 없애시는 주님, **저희에게 자비로이 귀 기울이소서.**
하느님의 어린양, 세상의 죄를 없애시는 주님, **저희에게 자비를 베푸소서.**
계: 예수님, 저희에게 귀 기울이소서.
응: **예수님, 저희에게 자비로이 귀 기울이소서.**
주님의 기도

계: 주님, 저의 기도를 들어 주소서.

응: **저의 부르짖음이 주님께 이르게 하소서.**

    기도합시다. 오 전능하시고 영원하신 주님, 당신의 사랑하는 아들 우리 주 예수 그리스도의 영광스러운 이름을 통하여, 신자들의 마음을 최상의 위로와 안락으로 채우셨고, 악령을 두려움에 떨게 만드셨나이다. 예수의 거룩한 이름에 영광을 드리는 모두가 말로 표현할 수 없는 천국의 기쁨과 행복을 얻도록 허락하소서. 우리 주 그리스도를 통하여 청하나이다.

응: **아멘.**

계: 주님의 이름은 찬미를 받으소서.

응: **이제와 영원히 받으소서.**

아기 예수 호칭 기도
(개인적인 신심을 위하여)

주님, 자비를 베푸소서.

그리스도님, 자비를 베푸소서.

주님, 자비를 베푸소서.
그리스도님, 저희에게 귀 기울이소서.
그리스도님, 저희에게 자비로이 귀 기울이소서.
하늘에 계신 성부 하느님, **저희에게 자비를 베푸소서!**
세상의 구세주이신 성자 하느님,…
성령이신 하느님,
성삼이시며 한 분이신 하느님,
예수 그리스도이신 아기여,
참하느님이신 아기여,
살아 계신 하느님의 아들이신 아기여,
동정 마리아의 아들이신 아기여,
약함 속에 굳셈이신 아기여,
부드러움 속에 강함이신 아기여,
은총의 보배이신 아기여,
사랑의 샘이신 아기여,
천상의 부활자이신 아기여,
이 세상 악의 개선자이신 아기여,
천사들의 우두머리이신 아기여,

성조들의 근본이신 아기여,
예언자들의 말이신 아기여,
이방인들의 바람이신 아기여,
목자들의 기쁨이신 아기여,
동방 박사들의 빛이신 아기여,
아이들의 구원이신 아기여,
정의의 기대이신 아기여,
지혜의 교사이신 아기여, **저희에게 자비를 베푸소서.**
모든 성인들의 첫 결실이신 아기여, **저희에게 자비를 베푸소서.**
자비로우신 주님, **저희를 용서하소서, 오 아기 예수님.**
자비로우신 주님, **저희에게 자비로이 귀 기울이소서, 오 아기 예수님.**
아담의 자손들의 예속으로부터, **아기 예수님, 저희를 구원하소서.**
악마의 예속으로부터,…
육신의 악한 바람으로부터,
세상의 악의로부터,

삶에 대한 애착으로부터,
지식에 대한 과도한 바람으로부터,
영적인 문맹으로부터,
악한 의지로부터,
저희의 죄로부터,
당신의 가장 순수한 잉태를 통하여,
당신의 가장 겸손한 탄생을 통하여,
당신의 눈물을 통하여,
당신의 가장 고통스러운 할례를 통하여,
당신의 가장 영광된 공현을 통하여,
당신의 가장 경건한 현존을 통하여,
당신의 가장 거룩한 삶을 통하여,
당신의 가난을 통하여,
당신의 많은 고통을 통하여,
당신의 수고와 여행을 통하여,
하느님의 어린양, 세상의 죄를 없애시는 주님, **저희 에게 자비를 베푸소서, 오 아기 예수님.**
하느님의 어린양, 세상의 죄를 없애시는 주님, **저희 에게 자비로이 귀 기울이소서, 오 아기 예수님.**

하느님의 어린양, 세상의 죄를 없애시는 주님, **저희에게 자비를 베푸소서, 오 아기 예수님.**

계: 아기 예수님, 저희에게 귀 기울이소서.

응: **아기 예수님, 저희에게 자비로이 귀 기울이소서.**

기도합시다. 오 주 그리스도님, 당신은 적절한 시기에 태어나 어린 아이가 되심으로써 육화하신 신성과 가장 거룩한 인성 안에 스스로 기꺼이 겸손을 보이셨나이다. 저희로 하여금 아이의 침묵 속에 한없는 지혜를, 연약함 속에 굳센 힘을, 굴욕 속에 위엄을 깨닫게 해주소서. 이 세상에서 당신의 굴욕을 숭배함으로써 저희가 하늘에서 당신의 영광을 명상하게 하소서. 성부와 성령과 함께 영원히 살아계시며 다스리시나이다.

응: **아멘.**

경이로운 프라하의 아기 호칭 기도
(개인적인 신심을 위하여)

주님, 자비를 베푸소서.

그리스도님, 자비를 베푸소서.
주님, 자비를 베푸소서.
그리스도님, 저희에게 귀 기울이소서.
그리스도님, 저희에게 자비로이 귀 기울이소서.
하늘에 계신 성부 하느님, **저희에게 자비를 베푸소서!**
세상의 구세주이신 성자 하느님,…
성령이신 하느님,
성삼이시며 한 분이신 하느님,
오 자비로운 아기 예수님,
오 아기 예수님, 참하느님,
오 아기 예수님…
당신의 전능으로 기적을 보이시는 주님, **저희에게 자비를 베푸소서.**
당신의 지혜로 저희의 가슴과 마음을 살피시는 주님,
당신의 친절로 언제나 저희를 도울 채비를 하시는 주님,
당신의 섭리로 저희를 마지막 목적지로 인도하시는 주님,

당신의 진실로 저희 마음의 어둠을 밝혀 주시는 주님,
당신의 관대함으로 가난한 이들을 부유케 하시는 주님, **저희에게 자비를 베푸소서.**
당신의 우정으로 마음이 슬픈 이들에게 위로가 되시는 주님,
당신의 자비로 사람들의 죄를 용서해 주시는 주님,
당신의 힘으로 저희를 해로움으로부터 보호하시는 주님,
당신의 정의로 저희가 악을 단념하도록 하시는 주님,
당신의 힘으로 지옥을 압도하시는 주님,
당신의 사랑스러운 상으로 저희 가슴과 마음을 끌어당기시는 주님,
당신의 장엄함으로 온 세상을 포옹하시는 주님,
당신의 사랑으로 타오르는 마음으로 저희의 차가운 마음을 불태우시는 주님,
세상을 향해 뻗은 자비의 작은 손으로 저희를 더없는 행복으로 채우시는 주님,
당신의 달콤하고 가장 거룩한 이름으로 그리스도를 믿는 모든 이에게 기쁨이 되시는 주님,

당신의 영광으로 온 세상을 채우시는 주님,

자비로우신 주님, **저희를 용서하소서, 오 아기 예수님!**

자비로우신 주님, **저희에게 귀 기울이소서, 오 아기 예수님!**

모든 악으로부터, **저희를 구원하소서, 오 아기 예수님!**

모든 죄로부터,…

당신의 한없는 친절에 대한 모든 불신으로부터,

당신의 경이로운 힘에 대한 모든 의심으로부터,

당신을 경배함에 있어 모든 미온적인 노력으로부터,

모든 갈망과 필요로부터,

당신의 거룩한 어린 시절의 모든 신비를 통하여,

저희 불쌍한 죄인들이 당신께 기도하오니, **저희에게 귀 기울이소서.**

당신의 어머니 동정 마리아와 양아버지 요셉의 도움을 통하여, **부디 저희에게 귀 기울이소서.**

저희 죄를 용서하시기를, 기도하오니,…

저희 죄에 대한 처벌을 사해 주시기를,

당신의 거룩한 유년 시절에 대한 숭배를 위하여 저희의 사랑을 더욱 풍성하게 하시고 지켜 주시기를,

당신의 자비로운 손을 저희에게서 거두지 마시기를, **부디 저희의 기도를 들어 주소서.**

저희가 누려 온 많은 은총에 대하여 영원히 감사할 수 있게 하시기를,…

당신의 성심을 사랑하기 위하여 저희를 더욱더 움직이시기를,

믿음과 함께 필요함을 가지고 당신께로 다가오는 모든 이들에게 귀 기울여 주시기를,

우리 나라에 평화를 유지해 주시기를,

저희를 위협하는 모든 악에서 저희를 구해 주시기를,

당신께 관대한 이들에게 영원한 생명으로 보답해 주시기를,

죽음의 시간에 저희에게 축복을 허락하시기를,

심판날에 저희에게 자비로우시기를,

당신의 거룩한 상을 통하여 저희의 안식처로 남아 주시기를, **기도하오니, 부디 저희에게 귀 기울여 주소서.**

하느님과 성모 마리아의 아들 예수님, **기도하오니 저희에게 귀 기울여 주소서.**
하느님의 어린양, 세상의 죄를 없애시는 주님, **저희를 용서하소서, 오 아기 예수님!**
하느님의 어린양, 세상의 죄를 없애시는 주님, **저희에게 자비로이 귀 기울이소서, 오 아기 예수님!**
하느님의 어린양, 세상의 죄를 없애시는 주님, **저희에게 자비를 베푸소서, 오 아기 예수님!**
계: 아기 예수님, 저희에게 귀 기울이소서!
응: **아기 예수님, 저희에게 자비로이 귀 기울이소서.**
주님의 기도

기도합시다. 오 자비로우신 아기 예수님, 저희는 당신의 거룩한 상 앞에 무릎 꿇고 비오니, 저희의 갈망하는 마음에 당신의 자비로운 눈길을 주소서. 저희의 기도가 자비로운 당신의 마음을 적실 수 있도록 하시고, 저희 가슴 깊숙한 곳으로부터 기도하는 은혜를 저희에게 허락하소서.

저희에게서 모든 슬픔과 절망, 저희를 억누르고 있는 모든 애착과 갈망을 가져가소서. 당신의 거룩한 어린 시절의 이름으로 성부와 성령을 통하여 영원히 도움을 찾게 해주시고 위로를 보내 주소서.
응: **아멘.**

예수의 거룩한 어린 시절을 기리는 호칭 기도
(개인적인 신심을 위하여)

주님, 자비를 베푸소서.
그리스도님, 자비를 베푸소서.
주님, 자비를 베푸소서.
그리스도님, 저희에게 귀 기울이소서.
그리스도님, 저희에게 자비로이 귀 기울이소서.
하늘에 계신 성부 하느님, **저희에게 자비를 베푸소서!**
세상의 구세주이신 성자 하느님,…
성령이신 하느님,
성삼이시며 한 분이신 하느님,
하늘에서부터 세상에 오신 오 아기 예수님,

오 거룩하신 아기 예수님,
베들레헴에서 마리아에게서 태어나신 예수님,
포대기에 싸여 계신 예수님,
구유에 누우신 예수님,
천사들에게 찬송받으신 예수님,
목자들에게 경배받으신 예수님,
당신의 존경하올 이름을 통하여 구세주로서 약속받으신 예수님,
별빛에 의해 알려지신 예수님,
상징적 선물을 가지고 온 동방 박사들에게 경배받으신 예수님,
동정녀에게 이끌려 성전에서 바쳐지신 예수님,
나이 든 시므온에게 안기신 예수님,
예언자 안나에 의해 성전에서 모습을 드러내신 예수님,
헤로데 왕에 의해 박해받으신 예수님, **저희에게 자비를 베푸소서.**
이집트의 유배지로 피하신 예수님,…
베들레헴의 아기들에게 순교의 왕관을 씌우신 예

수님,
첫마디 말로써 마리아의 마음을 기쁘게 하신 예수님,
유배지에서 첫걸음마를 배우신 예수님,
이집트에서 돌아와 나자렛에서 성장하신 예수님,
순명의 빛나는 본보기가 되심으로써 모두에게 사랑
 받으신 예수님,
열두 살 때에 성전에 가신 예수님,
집으로 돌아오는 길에 마리아와 요셉이 잃어버리신
 예수님,
큰 슬픔 속에서 삼 일 동안 찾아 다닌 예수님,
커다란 기쁨으로 찾으신 예수님,
자비로우신 주님, 오 예수님,
자비로우신 주님, **저희에게 귀 기울이소서, 오 예
 수님!**
모든 악으로부터, **저희를 구원하소서, 오 예수님!**
모든 죄로부터,…
교회에서의 부정으로부터,
다툼과 분노로부터,
거짓말과 도둑질로부터,

악한 말과 나쁜 표양으로부터,
나쁜 습관으로부터,
당신의 육화에 의해,
당신의 탄생에 의해,
당신의 가장 고통스런 가난에 의해,
당신의 박해받음과 고통에 의해,
당신의 가장 거룩하신 어머니의 중개를 통하여,
당신의 거룩하신 양부의 중개를 통하여,
죄 없는 거룩한 아이들의 중개를 통하여,
천사와 성인들의 중개를 통하여,
저희, 당신의 죄 많은 자녀들은, **저희에게 귀 기울여 주시기를 간청하나이다.**
불쌍한 이방인들의 구원을 위한 저희의 기도를 들어 주소서, **저희에게 귀 기울여 주시기를 간청하나이다.**
동정심으로,…
저희의 작은 선물을 친절히 살펴 주시기를,
당신의 성인들 중에서 하느님의 일꾼들을 선택하시기를,

그들의 사도적 사업을 풍부히 축복하시기를,
온 세상이 당신 앞에 무릎 꿇기를,
저희가 당신의 거룩한 어린 시절의 이름으로, 모든 비신자들을 회개시키는 일에 열성적이기를,
저희가 세례 때의 서원을 충실히 지키기를,
저희가 하늘에 계신 아버지의 자녀임을 기뻐하기를,
저희가 하늘에 계신 아버지를 영원히 공경하고 사랑하기를,
저희가 그리스도의 자녀로서 자유로이 그리고 열성적으로 기도하기를,
저희가 기꺼이 당신의 계명을 지키기를,
저희가 네 번째 계명인 "너희 부모를 공경하라."를 저희의 마음속에 깊이 새기기를,
저희가 세월이 흘러 성장하면서 지혜와 덕 안에서 성장하기를,
저희를 무죄하게 지켜 주시기를,
저희를 유혹에서 구원해 주시기를,
당신의 어머니 마리아에게로 향한 큰 사랑과 열정을 저희에게 불어넣어 주시기를,

저희가 결코 가치 없는 고백을 하지 않기를,
저희가 진심 어린 마음으로 영성체하기를,
저희 부모님들의 장수를 허락하시기를, **저희에게 귀 기울여 주시기를 간청하나이다.**
그분들에게 최상의 선물을 내려 주시기를,…
저희의 목자들을 계몽시켜 주시고 그들에게 힘을 주시기를,
은혜를 베푸는 사람들에게 영원한 선물로써 답해 주시기를,
불쌍한 연옥 영혼들에게 자비를 베푸시기를,
하느님의 어린양, 세상의 죄를 없애시는 주님, **저희를 용서하소서, 오 주님!**
하느님의 어린양, 세상의 죄를 없애시는 주님, **저희의 기도를 들어 주소서, 오 주님!**
하느님의 어린양, 세상의 죄를 없애시는 주님, **저희에게 자비를 베푸소서, 오 주님!**
계: 그리스도님, 저희에게 귀 기울이소서.
응: **그리스도님, 저희에게 자비로이 귀 기울이소서!**
주님의 기도

기도합시다. 하늘에 계신 아버지, 저희를 당신의 자녀로 그리고 아기 예수를 위한 하늘의 상속자로 받아 주시는 분, 당신께 비오니 신앙심 부족한 자녀들을 친절히 굽어보시어 노력 없이 그리고 대가 없이 얻은 이런 영광에 참여하도록 허락하소서. 이 모든 것을 당신의 아들이며 우리 주님이신 아기 예수 그리스도를 통하여 청하나이다. 그분은 성부와 성령과 함께 영원히 살아 계시며 다스리시나이다. 응: **아멘.**

가장 사랑이 넘치시는 아기 예수님께 바치는 기도

오 가장 사랑이 넘치시고 축복받으신 아기 예수님! 하늘과 땅의 위대한 하느님이시며 주인이신 분, 당신은 사랑스런 아기의 외관 안에 거룩한 위엄을 감추어 오셨나이다. 그분 앞에 하늘을 진동하는 힘, 이 세상의 권세 있는 왕들 그리고 땅속의 악령들이 고개 숙여야 하나이다. 당신은 전능하신 하느님이시지만 저희를 사랑하시어 어린 아이로 오셨으며, 그러기에 저희는 당신을 더욱 열렬히 사랑하고 더욱 충실히 섬기며, 어린 아이와 같은 순수함과 사랑 안에 당신을 겸손되이 본받고자 하나이다.

불쌍한 죄인인 이 몸은 이 사랑스러운 아이의 형상에 감추어진 위대한 하느님 앞에 겸손되이 고개 숙이며 당신을 경배하나이다. 저는 당신을 가장 높고 가장 사랑하는 하느님으로서 사랑하나이다. 당신의 끝 없는 선에 저를 맡기나이다. 겸손됨을 사랑하고 자만을 버리며, 덕 안에서 그리고 아이와 같은 믿음 안에서 성장하기 위하여 당신의 모범을 따르도록 가르치소서. 저를 지도하시고 가르치시고 덕스럽게 하시어 당신을 기쁘게 하고 이 세상에서는 작게 후세에서는 크게 되도록 하소서. 아멘.

───────

거룩하신 아기 예수님의 신비에 대한 경배

계: 오 하느님, 저의 구원자로 오소서!

응: **오 주님, 어서 빨리 오사 저를 도와 주소서!**
계: 영광이 성부와 성자와 성령께.
응: **처음과 같이 이제와 항상 영원히. 아멘.**
주님의 기도

1

사랑스러운 아기 예수님, 당신은 저희의 구원을 위하여 아버지의 품으로부터 내려오셨으며, 성령으로 잉태되셨나이다. 동정녀에게 잉태되는 것을 마다하지 않으시어 말씀이 사람이 되셨으며 스스로 종의 모습을 취하셨나이다. 저희에게 자비를 베푸소서.

응: **저희에게 자비를 베푸소서, 아기 예수님, 저희에게 자비를 베푸소서.**

성모송.

2

사랑스러운 아기 예수님, 동정녀이신 어머니를 통하여 성녀 엘리사벳을 방문하셨나이다. 당신은 당신의 선구자 세례자 요한을 성령으로 충만히 하시고, 그의 어머니 태중에서 성화시키셨나이다. 저희에게 자비를 베푸소서.

◎: **저희에게 자비를 베푸소서, 아기 예수님, 저희에게 자비를 베푸소서.**

성모송.

3

사랑스러운 아기 예수님, 당신은 어머니 태중에 아홉 달을 계셨나이다. 이 기간 동안 당신은 동정 마리아와 성 요셉의 열망에 찬 기대를, 그리고 세상의 구원을 위한 성부의 뜻을 받으셨나이다. 저희에게 자비를 베푸소서.

◎: **저희에게 자비를 베푸소서, 아기 예수님, 저희에게 자비를 베푸소서.**

성모송.

4

사랑스러운 아기 예수님, 당신은 베들레헴에서 동

정 마리아의 몸에서 태어나 포대기에 싸여 마구간에 누워 계셨나이다. 천사들에 의해 알려지셨으며, 목자들의 방문을 받으셨나이다. 저희에게 자비를 베푸소서.

응: **저희에게 자비를 베푸소서, 아기 예수님, 저희에게 자비를 베푸소서.**

성모송.
모든 영예와 찬송과 영광이,
오 동정녀에게서 태어나신 예수님께.
모든 영광이 이제와 항상,
성부와 성령께. 아멘.
계: 그리스도님, 저희 가까이 오소서.
응: **어서 와, 그분을 흠숭합시다.**
주님의 기도

5

사랑스러운 아기 예수님, 8일 후 고통스런 할례 의식을 치르시고, 예수라는 영광스런 이름으로 불리셨나이다. 그리하여 당신의 이름과 피로써 세상의 구원자 되심을 예언하셨나이다. 저희에게 자비를 베푸소서.

응: **저희에게 자비를 베푸소서, 아기 예수님, 저희에게 자비를 베푸소서.**

성모송.

6

사랑스러운 아기 예수님, 별의 인도로 세 명에 현자들에게 자신을 드러내셨나이다. 어머니 품에서 경배받으시고, 신비한 금과 유향과 몰약을 선사받으셨나이다. 저희에게 자비를 베푸소서.

응: **저희에게 자비를 베푸소서, 아기 예수님, 저희에게 자비를 베푸소서.**

성모송.

7

사랑스러운 아기 예수님, 동정 마리아에 의해 성전에 봉헌되시고, 시므온의 팔에 안기시고, 예언자 안나에 의해 이스라엘에 모습을 드러내셨나이다.

저희에게 자비를 베푸소서.

응: **저희에게 자비를 베푸소서, 아기 예수님, 저희에게 자비를 베푸소서.**

성모송.

8

사랑스러운 아기 예수님, 당신을 죽이려는 사악한 헤로데 왕을 피해 성모와 성 요셉과 함께 이집트로 오셨나이다. 그리하여 잔인한 학살로부터 보호되셨으며 순교한 무죄한 아이들의 찬미로 영광받으셨나이다. 저희에게 자비를 베푸소서.

응: **저희에게 자비를 베푸소서, 아기 예수님, 저희에게 자비를 베푸소서.**

성모송.
모든 영예와 찬송과 영광이,
오 동정녀에게서 태어나신 예수님께.
모든 영광이 이제와 항상,
성부와 성령께. 아멘.
계: 그리스도님, 저희 가까이 오소서.

◎: **어서 와, 그분을 흠숭합시다.**
주님의 기도

9

사랑스러운 아기 예수님, 헤로데 왕이 죽을 때까지 가장 거룩하신 마리아와 성조 성 요셉과 함께 이집트에 머무셨나이다. 저희에게 자비를 베푸소서.

◎: **저희에게 자비를 베푸소서, 아기 예수님, 저희에게 자비를 베푸소서.**

성모송.

10

사랑스러운 아기 예수님, 부모님과 함께 이집트로부터 이스라엘로 돌아오셨으며, 도중에 수많은 고난으로 고생하셨나이다. 그리고 나자렛으로 가셨나이다. 저희에게 자비를 베푸소서.

◎: **저희에게 자비를 베푸소서, 아기 예수님, 저희에게 자비를 베푸소서.**

성모송.

11

사랑스러운 아기 예수님, 당신은 나자렛의 성가정에서 부모에게 순종하며 가장 거룩하게 사셨나이다. 가난과 수고에 고생하셨으며, 지혜와 경륜과 은총 안에서 성장하셨나이다. 저희에게 자비를 베푸소서.

응: **저희에게 자비를 베푸소서, 아기 예수님, 저희에게 자비를 베푸소서.**

성모송.

12

사랑스러운 아기 예수님, 당신은 열두 살의 나이에 예루살렘으로 가셨나이다. 슬픔에 잠긴 부모님들이 당신을 찾아 다니셨으며, 삼 일 후 학자들에게 둘러싸여 있는 당신을 기쁨에 차 발견하셨나이다. 저희에게 자비를 베푸소서.

응: **저희에게 자비를 베푸소서, 아기 예수님, 저희에게 자비를 베푸소서.**

성모송.

모든 영예와 찬송과 영광이,
오 동정녀에게서 태어나신 예수님께.
모든 영광이 이제와 항상,
성부와 성령께. 아멘.

(예수 성탄과 그 8일 축제)
계: 말씀이 사람이 되셨나이다, 알렐루야.
응: **저희 가운데 계시도다, 알렐루야.**

(주의 공현 축일)
계: 그리스도님께서 몸소 저희에게 드러내셨나이다, 알렐루야.
응: **어서 와, 경배합시다, 알렐루야.**

(연중)
계: 말씀이 사람이 되셨나이다.
응: **저희 가운데 계시도다.**

기도합시다. 전능하시고 영원하신 하느님, 하늘

과 땅의 주님, 당신은 아이의 모습으로 이 세상에 당신 자신을 드러내셨나이다. 청하오니, 당신의 아들 아기 예수의 거룩한 신비에 영예로이 경배드릴 수 있게 하시고 그것을 본받을 수 있게 하소서. 그리하여 당신이 어린 아이들에게 약속하신 하늘 나라에 들어갈 수 있게 하소서. 아멘.
계: 말씀이 사람이 되셨나이다.
응: **저희 가운데 계시도다.**

매달 16일부터 24일까지의 9일 기도

1. 영원하신 아버지, 저의 영원한 구원과 온 세상의 구원을 위해 당신의 영예와 영광 앞에, 우리 신성한 구세주의 신비로운 탄생을 바치나이다.
영광송.

2. 영원하신 아버지, 저의 영원한 구원과 온 세상의 구원을 위해 당신의 영예와 영광 앞에, 나자렛으로부터 베들레헴까지의 힘든 여정과 그 기간 동안 지극히 거룩하신 성모와 성 요셉의 고통을, 그

리고 세상의 구세주가 탄생하려고 할 때 피난처를 찾지 못한 그들의 마음의 번민을 바치나이다.
영광송.

　3. 영원하신 아버지, 저의 영원한 구원과 온 세상의 구원을 위해 당신의 영예와 영광 앞에, 태어나신 구유에서의 고통과 겪으신 추위와 흘리신 눈물과 그 연약하신 아기의 울음을 바치나이다.
영광송.

　4. 영원하신 아버지, 저의 영원한 구원과 온 세상의 구원을 위해 당신의 영예와 영광 앞에, 그 연약한 몸으로 할례를 치르면서 겪으신 거룩하신 아기 예수의 고통을 바치나이다. 모든 인류의 구원을 위해 그분이 최초로 흘리신 귀중한 피를 당신께 바치나이다.
영광송.

　5. 영원하신 아버지, 저의 영원한 구원과 온 세상의 구원을 위해 당신의 영예와 영광 앞에, 아기 예수의 겸손과 고행과 인내와 사랑 그리고 모든 덕을 바치나이다. 하느님의 말씀이 사람이 되신 형언할

수 없는 신비에 대하여 당신께 무한히 감사하며, 사랑을 바치며, 축복 드리나이다.

영광송.

계: 말씀이 사람이 되셨나이다.

응: **저희 가운데 계시도다.**

기도합시다. 오 하느님, 당신의 외아들이 우리 육신의 모습으로 오셨나이다. 저희와 같은 모습을 지니신, 저희가 알고 있는 그분을 통하여, 저희의 마음이 스스로 다시 태어나게 하소서. 그분은 당신과 함께 영원히 살아 계시며 다스리시나이다. 아멘.

프라하의 아기에 대한 신심의 주창자인
가경자 천주의 모친의 치릴로 신부

제5부 여러 경우를 위한 기도문들

아침 기도

거룩하신 아기 예수님, 저는 당신을 믿고, 당신께 바라고, 저의 온 마음으로 당신을 사랑하나이다, 저의 아기 예수님.

저는 저의 최고의 흠숭을 받으시는 거룩하신 아기 예수님과 함께 하루를 맞이하나이다. 저를 축복하시고 육신과 영혼의 모든 악으로부터 저를 보호하시고, 보이는 것과 보이지 않는 모든 적으로부터 저를 지켜 주소서. 오 예수님, 당신은 저의 하느님이시고 주님이시며, 저의 전능하신 창조주이시고, 저의 인자하신 구세주이시기에 이른 아침 당신을 부르나이다. 오 거룩하신 아기 예수님, 당신의 거룩한 천사들이 아침에 당신을 방문하여 당신께 대한 찬미 노래를 부른 것처럼, 이 이른 아침 당신을 찬미하고, 당신께 영광 돌리며, 당신을 환호하기 위해 당신께 나아가나이다.

오, 하늘에서 오신 자비의 아기 예수님, 당신을 흠숭하나이다. 달콤함으로 넘쳐 나는 자비의 깊은 우물, 당신의 거룩하고 친절한 작은 가슴으로부터 저희에게 오는 은총은 너무나 풍성하나이다. 지난 밤에 저를 보살펴 주시고 저를 위해 하늘에 계신 아버지께 찬미드린 것에 대하여 감사드리나이다.

오 사랑하는 프라하의 아기 예수님, 아침 기도로서 저의 이 초라하고 보잘것없는 마음을 받아 주소서. 당신의 성심에 제가 할 수 있는 최대의 봉헌을 드리오며, 기도하오니, 저에게 자비를 베푸시고 당신의 사랑으로 저를 감동시키소서.

거룩하신 아기 예수님께 바치는 아침 봉헌 기도

오, 사랑스럽고 친절하신 아기 예수님, 당신께 청

하오니, 저의 의지를 강하게 해주시고, 저의 마음에 영감을 주시고, 저의 기억을 채워 주시고, 저의 소망과 욕망을 깨끗이 씻어 주소서. 당신께 봉헌하오니, 저의 의지를 이끌어 주시고, 저의 어려움과 수고를 축복해 주시고, 저의 모든 내적·외적 활동을 거룩하게 해주소서. 저와 제가 소유한 모든 것은 당신의 것이나이다. 저에 대한 당신의 사랑이 저의 희망이며 믿음이나이다. 저에게 귀 기울여 주시고 제가 결코 당신을 떠나지 않도록 은총 내려 주소서. 아멘.

오 아기 예수님, 저의 죄가 용서받는다는 것과 그것이 당신의 가장 거룩하신 성모 마리아의 손에 놓여 있다는 것을 굳게 믿나이다. 오늘 전 세계에서 거행되는 거룩한 모든 미사에 저를 바치며 연옥에 있는 불쌍한 영혼들을 위하여 이 모든 것을 바치나이다.

(거룩하신 아기 예수님에 대한 사랑 때문에, 오늘 자신의 최대의 적과 싸우고 그에 맞서는 몇 가지 덕

행을 실천하기로 결심하자.)

거룩하신 아기 예수님과의 사랑의 서약

비록 조그마한 상에 지나지 않지만 여전히 당신은 저의 주님이시며 하느님이시나이다. 오, 저의 가슴 저 밑으로부터, 매순간 당신을 사랑할 수 있기를 바라나이다. 제가 무엇을 하든, 팔다리를 움직이고, 혹은 말하고 생각하고 활동하고, 맥박이 뛰고, 심장이 고동 치는 것은 당신께 대한 사랑 때문이나이다. 수없이 당신을 부르며 그의 가장 큰 사랑을 당신께 드리는 이는 누구나이까?

저의 가슴 저 밑으로부터 지나간 수많은 시간을 후회하나이다. 오 가장 고귀하신 아기 예수님, 당신의 가장 고귀한 피로 저를 용서하소서. 예수님, 그 무엇이 당신께 대적할 수 있겠나이까? 제가 다시 당신을 배반하기 전에 죽을 수 있도록 허락하소서. 사랑하올 예수님, 당신께 대한 이 서약의 보증으로 "아멘"이라고 말씀해 주소서.

저녁 기도

사랑스럽고 자비로운 프라하의 거룩하신 아기 예수님, 당신의 현존 안에 저는 이렇게 무릎 꿇고, 사랑 가득한 봉헌으로 당신께 경배드리나이다. 오 제가 당신께 드려야 할 감사는 얼마나 많나이까! 당신은 수많은 위험으로부터 저를 구해 주셨을 뿐만 아니라 오늘 저에게 많은 은총을 베푸셨나이다. 감사하고 또 감사하나이다. 제가 오늘 저지른 잘못과 그로 인해 당신의 성심을 슬프게 해드린 것은 무엇이든 깨닫고 뉘우치게 도와 주소서. 당신의 빛과 은총을 내려 주소서.

오 저의 구세주 성심이여, 올바른 지력과 참회의 마음을 심어 주시어, 이로써 당신의 사랑과 자비를 다시 저에게 주시고, 그것을 더욱 풍부하고 강하게 해주시는 것이 가능하게 하소서.

(양심 성찰) 오늘 나의 생각으로써 예수님을 욕되게 하지는 않았는가? 말로써, 행동으로써, 부주

의함으로써 예수님을 욕되게 하지 않았는가? 나의 의무를 얼마나 실천하였는가? 내가 행한 모든 일에 좋은 의도를 지니고 있었는가? 하느님의 뜻에 어긋나게 행한 일은 없었는가? 무엇보다 아침에 결심한 것을 하루 동안 잘 지켰는가?

내가 타락하게 된 이유를 깊이 생각하고 장차 있을 타락을 막아 줄 수단을 찾는다. 그리고 내가 저지른 수많은 잘못에 대하여 뉘우치고, 하느님께서 나를 강하게 하고 지켜 주시도록 기도한다.

아기 예수님, 저의 온 마음으로 당신을 사랑하나이다.
그리고 이제껏 당신을 화나게 해드린 것이
너무나 큰 고통으로 전해지나이다.
당신의 피로 저의 마음을 깨끗하게 하소서.
이것이 저의 마지막 잘못이 될 수 있도록
저에게 강한 의지를 주소서.
그리고 저를 죄에서 벗어나고
언제라도 뉘우칠 수 있게 준비시켜 주소서.

이제 자신의 이마에 십자 성호를 그으며 다음과 같이 기도한다. "모든 나라의 왕이시며 전능하신 성자 예수님, 당신의 자녀와 종을 갑작스런 죽음과 모든 악으로부터 구하소서. 아멘."

밤의 봉헌

오 프라하의 거룩하신 아기 예수님, 오늘 밤 당신의 사랑스런 보살핌 안에 저의 마음과 몸과 영혼을 바치나이다. 위험과 악한 원수의 추적으로부터 보호해 주소서. 오 가장 사랑하올 아기 예수님, 자는 동안 당신을 찬미할 수 없나이다. 당신의 성심이 제가 빼놓은 것을 되돌려줄 수 있게 하소서. 제 맥박이 뛰는 한 복되신 삼위 일체를 찬미하겠나이다.

오 예수님, 당신이 하늘에 계신 아버지께 가장 큰 기쁨이 되도록 마구간의 짚 위에서 쉬셨던 것처럼, 이제 편안한 잠을 저에게 허락하소서. 가장 사랑하올 아기 예수님, 저를 축복하소서. 영원히 영광받으실 성부와 성자와 성령이신 하느님께 제가 축복받게 하소서.

거룩하신 아기 예수님, 저를 받아 주소서.
당신의 자녀가 되기를 소망하오니,
제가 살아 있는 동안 당신의 소유물이 되게 하시고,
죽을 때에 오로지 당신의 것이 되게 하소서.
온전히 당신 것인 세상의 왕이신
당신께 봉헌할 이 누구이리까?
저의 영혼은 어느 때나 당신 것이나이다.
저의 모든 힘을 다해 당신 것이 되도록 하겠나이다.
저의 육신과 저의 감각도
결코 당신 없이는 작용할 수 없나이다.
저의 마음을 다하여 당신께 감사드리고자
노력하겠나이다, 이제와 항상 영원히.

 오 거룩하신 마리아, 자비와 은총의 어머니시며, 저의 사랑하올 아기 예수의 어머님, 이 밤과 저의 마지막 시간에 저를 보호하소서. 보편 교회의 힘 있는 보호자이신 성 요셉 님, 당신 역시 저의 보호자가 되어 주소서. 저를 위험이나 탄원 속에 내버려 두지 마소서.

주님의 은총으로 저의 수호하시는 하느님의 천사여, 저를 격려하시고 보호하소서. 저를 안내하고 이끌어 주소서.

주님, 저희보다 앞서 간 영혼들에게 영원한 평화를 주시고, 영원한 빛을 그들에게 비추소서. 그들이 평화의 안식을 얻게 하소서. 아멘.

프라하의 아기 예수님께 대한 봉헌 기도

오 거룩하신 아기 예수님, 부족하나 착하고 신심 있는 이들을 사랑하시고 아이들을 가장 갈망하시는 당신께 오늘 저 자신을 봉헌하며, 당신을 즐겁게 해드리고 좀더 당신을 닮기 위하여 저의 이 세상 삶을 바치나이다.

저는 제 마음을 다해 당신을 사랑하고, 최선을 다하여 당신의 고결하고 고무적인 표양들을 더욱 충실히 따를 것을 오늘 진지하게 결심하나이다. 지혜와 은총, 자비와 경건함 안에서 성장할 수 있도록 하여 주소서. 특별히 청하오니, 저의 결백함과 저의 마음의 순수함을 티 없게 지켜 주소서. 아멘.

부모를 위하여 바치는 자녀의 기도

거룩하고 자비롭고 경이로우신 아기 예수님, 경건히 당신을 흠숭하는 이들 가운데 저를 받아 주신 것에 대하여 감사드리나이다. 영원히 이 은총을 받기에 흡족한 자녀가 되게 하시고, 마음을 다하여 당신을 사랑하는 신심 깊은 자녀가 되도록 도와 주소서. 죄에서 저를 구하시고 죽는 날까지 진실하게 당신께 봉사할 수 있게 하여 주소서.

저의 부모님을 향한 사랑과 헌신으로 저의 마음을 채워 주소서. 즐거운 마음과 자발적인 정신으로 그분들에게 복종하며 그분들의 훈계와 가르침을 불평 없이 받아들이며 순종하게 하소서. 오 사랑스러운 아기 예수님, 저는 그들에게서 받은 애정을 전부 다 다시 그들에게 돌려드릴 수 없사오니 당신께서 그들에게 돌려주소서.

  오 은총이 가득하신 아기 예수님, 제 곁의 형제 자매들을 축복하시어 저희가 진심으로 서로 사랑하도록 도와 주시며, 저희로 하여금 장차 하늘 나라에서 당신께 경배드리고 당신을 찬미할 수 있게 하소서. 아멘.

아기 예수님께 바치는 짧은 개인 9일 기도

오 아기 예수님, 복되신 동정 마리아를 통해서 당신께 도움을 구하나이다. 당신의 신성이 저를 도울 수 있다고 굳게 믿으므로, 저는 이 긴요한 때에 당신께 간청하나이다. 저는 당신의 거룩하신 은총을 얻으리라 확신하여 바라나이다. 저는 저의 마음과 영혼을 다하여 당신을 사랑하나이다. 진심으로 저의 죄를 뉘우치며 청하오니, 착하신 예수님, 이 죄를 이길 수 있는 힘을 저에게 주소서.

  결코 다시는 당신의 마음을 상하게 해드리지 않을 것을 결심하오며, 당신을 슬프게 하기보다는 모든 것을 참아 내기로 결심하나이다. 이제부터는 충심으로 당신을 섬기겠나이다. 오 거룩하신 아기 예수님, 저는 당신께 대한 사랑 때문에 제 이웃을 제 몸같이 사랑하겠나이다.

전능하신 아기 예수님, 저를 도와 주시기를 다시 한 번 간청하나이다. (소망을 말한다.)

거룩하신 아기, 위대하고 전능하신 하느님, 당신의 가장 거룩하신 어머니의 힘 있는 중개와, 하느님으로서 당신의 전능하심의 한없는 자비를 통하여 간청하오니, 저의 이 9일 기도에 응답하소서.

성모 마리아와 성 요셉과 함께 당신을 영원히 소유하고 당신의 거룩한 천사들과 성인들과 흠숭하는 은혜를 저에게 허락하소서. 아멘.

경이로운 프라하의 아기 예수님께

가장 사랑하올 프라하의 아기 예수님, 당신은 저희를 얼마나 친절하게 사랑하시는지요! 당신의 가장 큰 기쁨은 사람들 가운데 계시면서 저희에게 축복을 내리시는 것이나이다. 제가 비록 당신 보시기에 보잘것없지만 당신은 친절하시며 자비로우시고 저에게 전능한 권세를 행사하시기에, 사랑으로 당신께 끌리고 있음을 느끼나이다.

믿음을 가지고 당신께로 향한 많은 이들이 은총을 받아 왔으며, 당신은 그들의 애원을 들어 주셨나이다. 당신 앞에 무릎 꿇고 있는 저를 보아주시고, 기도와 소망을 담은 저의 마음이 당신을 향해 열리게 하여 주소서. 당신의 사랑이 넘치는 성심 안에 특별히 이 청원을 담아 당신께 바치나이다. (소망을 말한다.)

저를 다스려 주소서, 사랑하올 아기 예수님. 당신의 거룩한 지혜와 사랑 안에 모든 것들을 최상의 상태로 조정하심을 알기에 저와 저의 모든 것이 당신의 거룩한 의지에 따르게 하소서. 저에게서 당신의 손을 거두지 마시고 영원히 저를 보호하시고 축복하소서.

당신께 기도드리오니, 권능과 은총이 가득하신 아기 예수님, 당신의 거룩한 유년 시절을 위하여,

깊은 애정으로 당신을 돌보아 주신 복되신 성모 마리아의 이름으로, 그리고 두 팔로 당신을 옮기셨던 성 요셉이 지녔던 최상의 경외심으로, 제가 요긴할 때 저를 도우소서. 가장 감미로우신 아기 예수님, 이제와 영원히 당신과 함께 진정 행복할 수 있게 하시고 진심으로 영원히 당신께 감사드릴 수 있게 하소서. 아멘.

하늘과 땅의 주님, 전능하시고 영원히 살아 계시는 하느님, 당신은 어린 아이들에게 당신 자신을 드러내셨나이다. 아기 예수, 당신의 아드님의 거룩한 신비에 마땅히 받으셔야 할 영예로 경배드리며 그분의 모범을 따르는 저희가 당신께 청하오니, 당신께서 어린 아이들에게 약속하신 하늘 나라에 들어갈 수 있도록 허락하소서. 이를 우리 주 그리스도를 통하여 청하나이다. 아멘.

경건한 기원들

아이들의 친구이신 예수님, 온 세상의 아이들을 축

복하소서.

―――――

살아 계신 하느님의 아들이신 예수님, 저희에게 자비를 베푸소서! 동정 마리아의 아들이신 예수님, 저희에게 자비를 베푸소서.
왕이시며 모든 마음의 중심이신 예수님, 당신의 왕국에 평화를 주소서.

―――――

예수님, 저의 이 마음 다해 당신께 매달리나이다.

―――――

주 예수님, 저를 위해 구유 안에서 태어나셨을 때의 아기의 울음을 통해, 저를 위해 천막에서 생활하신 당신의 사랑을 통해, 저에게 자비를 내리시고 저를 구하소서.

―――――

저의 예수님, 자비를 베푸소서.

―――――

중국 예복을 입은 거룩한 아기

제6부 프라하의 아기 예수님께 바치는 특별한 기도문들

병자의 기도

은총이 가득하신 아기 예수님! 병자들에게 베푸신 당신의 기적을 잘 알고 있나이다. 당신께서 이 세상에 계신 동안 얼마나 많은 질병을 치유하셨나이까! 가장 심하고 고통스럽고 희망조차 없는 질병으로부터 놀라운 구원을 받은 데 대하여 당신의 거룩한 상을 숭배하는 얼마나 많은 사람들이 당신께 감사드릴 수 있나이까!

저와 같은 죄인은 결코 기적적인 치유의 희망을 품을 수 없다는 것과 그러기에 이런 고통 또한 당연하다는 것을 알고 있나이다. 그러나 이 경이로운 프라하의 상에 담긴 당신의 유년 시절을 경배함으로써 혹은 그것의 조각과 사진을 경배함으로써 당신께 예배드린 많은 죄인들을 생각해 볼 때, 저 역시 아무런 두려움 없이 당신을 부르나이다.

오 사랑스럽고 자비로우신 프라하의 아기 예수님, 당신은 당신께서 하고자만 하신다면 저를 치유할 힘을 가지셨나이다. 거룩하신 의사여, 그 실행을 미루지 마소서. 당신은 전능하시니, 현재의 질병에서 저를 치유하시고자 하신다면, 당신의 거룩한 작은 손을 뻗으시어 저에게서 이 모든 아픔과 질병을 거두어 가소서. 또한 회복된 건강이, 자연적인 치유가 아니라 오로지 당신의 권능에서 비롯된 것임을 깨달을 수 있는 방법으로 행해 주소서.

그러나 만일 당신의 무한한 지혜 속에 다른 계획이 있으시다면, 적어도 은총 속에 제 영혼을 지켜주시고 하늘 나라에 대한 믿음과 위안으로 저를 채우시어, 더 큰 고통 속에서 당신을 닮을 수 있도록 도와 주소서. 오 저의 사랑하올 예수님, 당신의 뜻에 따라 제가 이 세상의 죽음으로 영원한 생명을 얻게 되기까지 병상에서 당신의 섭리를 찬미하게 하소서. 아멘.

행복한 죽음을 위한 기도

자비 가득하신 아기 예수님! 당신을 부르나이다. 죽음의 순간에 저를 축복하소서. 프라하의 아기 예수님, 제가 가야 할 시간이 임박했을 때, 병자 성사로 저의 마지막 예식을 치를 수 있는 기회를 주시고, 진정 회개하는 마음으로 축복된 성사 속에 당신과 하나 되게 하소서. 성모 마리아와 성 요셉과 함께 제 곁에 머무르소서. 저의 고통과 두려움을 줄여 주시고 모든 유혹을 용감히 이겨 나가게 하소서. 저의 죄에 대한 보상으로서 기꺼이 이 세상에서의 삶을 버릴 수 있는 은총을 허락하소서. 저에게 영원한 삶에 대한 확신을 주소서.

오 저의 사랑하는 예수님, 당신의 거룩한 어린 시절의 순수한 마음으로 오늘 이미 당신께 기도드린 것처럼, 이 긴 고통과 연옥의 형벌에서 저를 구하시고, 하늘에서 당신과 함께 하는 영원한 행복을 누리게 해주소서. 아멘.

현세의 재물을 얻고 지키기 위한 기도

오 거룩하신 아기 예수님! 모든 재물의 근원이신 당신 마음의 선함은 끝이 없으시며, 당신의 작은 손에 담긴 하사품은 이루 헤아릴 수 없나이다. 흐르는 강처럼, 당신은 당신의 선물을 목마른 인류에게 쏟아 부으시며 이제와 영원히 축복으로 저희를 채워 주시나이다.

만일 당신께서 저희의 현세의 재물을 지켜 주지 않으신다면 저희의 노력은 헛되고 쓸모 없는 것이 되나이다. 전능하신 아기 예수님, 당신의 작은 손을 들어 저의 현세의 소유물들을 축복하소서. 그것들을 당신의 강한 보호 아래 두시어 재난과 손실로부터 지켜 주소서. 저의 재물을 당신의 뜻에 따라 사용하고, 당신의 기쁨을 위해 저 자신을 유용하게 쓰고, 그리고 당신께 대한 사랑을 통하여 저의 이웃에게 기쁨을 전하는 데 필요한 은총을 주시어,

어떠한 도둑도 들어갈 수 없고, 해충이나 먼지에 의해 손상될 수도 없는 하늘 나라에 재물을 쌓을 수 있게 해주소서. 아멘.

평화를 위한 기도

거룩하신 아기 예수님, 이 세상에 오실 때 당신께서는 평화를 외치셨으며, 기꺼이 평화의 왕자로 불리셨나이다. 당신은 제 집안에서 친척들, 특히 이웃과 이웃 간에 분쟁과 분열이 있음을 아시나이다. 당신은 저희 서로간에 얼마나 사랑이 없고 불만스러워하는지, 저희 가운데에 얼마나 많은 분쟁과 증오, 미움과 분열이 지배하고 있는지, 이웃에 대한 사랑을 외면한 채 얼마나 많은 죄를 짓는지 아시나이다.

이것은 진실로 슬픈 삶이나이다! 오 평화를 사랑하시는 아기 예수님, 제가 당신 외에 어디로 마음을 돌리리이까! 당신은 서로간에 분열된 이들을 재결합시키셨으며, 적들을 화해시키셨고, 고통받고 있는 영혼들에게 평화를 주셨나이다. 당신께 청하오니, 귀한 평화의 선물을 저희에게 내려 주소서. 요셉과 마리아와 함께 하셨던 사랑과 일치를 통하여 당신께 청하나이다.

저희의 조력자로 오시어, 모든 격정을 잠잠케 하시고, 평화와 일치가 저와 이웃들에게 돌아올 수 있게 하시며, 저희가 하느님의 자녀로 불릴 수 있는 가치를 갖게 하소서.

모든 필요시의 기도

공정한 심판관이신 당신은 저희의 많은 죄 때문에 저희 인간들에게 오셔서, 당신의 형벌로 저희를 꾸짖으셨나이다. 이제서야 괴로움을 느끼는 이 벌이 다름 아닌 저희 모두가 받았어야 할 벌이었음을 깨닫나이다. 겸손되이 간구하오니, 당신의 위대하신 마음으로 저희를 용서하소서. 저희의 선한 의지와 뉘우치는 영혼과 보잘것없는 마음을 보아주소서. 저희는 결코 더 이상 당신의 마음을 상해 드리지 않겠나이다. 아멘.

고뇌에 빠졌을 때의 기도

오 저희를 친절히 사랑하시는 가장 사랑하올 예수님, 당신의 가장 큰 기쁨은 사람들 가운데 계시어 저희에게 당신의 축복을 내리시는 것이나이다. 비록 제가 당신께서 사랑으로 보아주시기에 합당치 못하오나, 기꺼이 저를 용서해 주시고 당신의 전능하신 권세를 저에게 행사하시기에, 오 사랑하올 아기 예수님, 저 자신이 당신께 끌리고 있음을 느끼나이다.

믿음으로 당신께 향했던 많은 사람들이 은총을 받았으며 그들의 간청이 이루어졌나이다. 프라하에 있는 당신 제대 위의 경이로운 상 앞에서 마음을 다해 무릎 꿇을 때 저를 보아주시고, 이 기도, 간청, 희망과 더불어 저의 마음이 당신께로 열려 있게 하소서. 특별히 (   ) 일을 당신의 사랑 넘치시는 성심께 바치나이다. 당신께서는 당신의 거룩한 지혜와 사랑 속에서 모든 것을 가장 좋은 상태로 만드시는 것을 알기에, 당신의 거룩한 의지에 따라 저를 다스리시고 저와 저의 소유물에 관여하소서. 전능하시고 은혜로우신 아기 예수님, 저희에게서 당신의 손을 거두지 마시고 영원히 저희를 보호하시고 축복하소서. 아멘.

프라하의 아기 예수님께 받은 은혜에 대한 감사

오 너그러우신 아기 예수님, 당신의 경이로운 상 앞에 엎드려 제가 받아 온 모든 은혜에 대하여 당신께 감사드리나이다. 당신의 무한한 자비에 항상 감사드리며, 당신이 저의 하느님이시고 조력자이시며, 보호자이심을 고백하나이다.

 이제부터 당신을 믿으며, 공공연히 당신의 왕권과 당신의 관대하심을 소리 높여 외치나이다. 그리하면 모든 이들이 이 상을 통하여 당신께서 보여 주신 당신의 위대한 사랑과 기적을 깨닫겠나이다.

그들은 은총으로 가득 찬 당신의 유년 시절을 존경하고 숭배할 것이며, 그 수가 점차 늘어나, 그들의 마음은 영원히 환영받고 찬미받을, 당신의 거룩한 유년 시절에 대하여 끝없는 감사를 보내겠나이다. 아멘.

거룩하신 아기 예수님께 대한 자신의 봉헌

흠숭하올 아기 예수님, 당신의 가슴에는 지혜가 가득하시며 거룩함이 머물고 모든 영원한 부가 들어 있나이다. 오 하늘의 아름다움이시여, 오 천사들의 기쁨이시여, 오 인류의 구원이시여. 무죄와 정결함, 그리고 모든 거룩함의 근원이시여, 저 비록 죄의 노예이나 당신의 다스리심이라는 부정할 수 없는 권리에 의해 당신께 예속되어 있기에 여기 이렇게 당신의 거룩한 발 아래 겸손되이 경배드리나이다.

그리하여 저의 주님-저의 왕이시며 위엄 있고 가장 흠숭하올 구세주-이신 당신께 저의 신앙과 목자들과 함께 하는 저의 경의와 동방 박사들과 함께 하는 저의 경배 행위를 바치나이다. 무(無)의 상태로부터 이 세상 천지 만물을 창조해 내시고 저희가 보는 훌륭한 질서 속에 이를 보존하시는 당신의 전능하신 손에 그 어떤 주저함도 없이 저 자신을 온전히 바치나이다.

오 사랑스런 아기 예수님, 당신의 거룩한 어린 시절의 신비를 영광되이 하기 위한 제 모든 봉헌의 대가로서, 성모님과 양부이신 성 요셉의 중개로 제 모든 남은 생을 당신과 같은 방법으로 살아갈 수 있는 행복을 누리게 하소서. 당신 안에서 당신을 위하여 그리고 당신 성령의 지시대로 살도록 하시어, 저의 생의 한순간도 당신의 뜻에서 벗어나지 않도록 하시고, 어떤 점에서도 그것을 앞세우게 하시며, 또 그것에 귀 기울이고, 모든 경우에 충실히 그것을 따르도록 하소서. 아멘.

기억하소서, 오 거룩하신 아기 예수님

기억하소서, 오 거룩하신 아기 예수님, 당신의 경

이로운 상과 그것이 당신의 어린 시절에 대하여 저희에게 상기시키는 신비를 기리는 사람들을 위하여 신앙심 깊은 종인 치릴로 신부에게 하신 약속을 기억하소서. 오 예수님, 당신의 선하심에 충만한 확신을 가지고 저희의 고통을 당신께 맡기나이다.

저희로 하여금 당신의 육화와 거룩한 어린 시절의 무한한 공적에 의하여 저희의 적과 싸워 이기게 하시고 당신께 충실히 머물게 하시어, 저희가 당신의 종이 되고 이 세상에서는 당신의 친구 가운데 그리고 하늘에서는 당신의 더없는 행복 가운데 포함될 자격을 얻도록 허락하소서. 오 감미로우시고 전능하신 예수님, 저희의 이 겸손한 기도를 저버리지 마시고 오히려 즐거이 받아 주시고 기꺼이 응답해 주소서. 아멘.

위대하신 작은 이라는 이름 아래
거룩하신 아기 예수님께 바치는 기도

위대하신 작은 이로 알려진 지극히 온화하신 아기

예수님, 저로 하여금 당신의 이 이름으로부터 표현되는 깊은 진실을 이해하고, 그 교훈을 깨달을 수 있는 은총을 허락하소서. 당신은 인성으로 보아 작으시고 당신의 사랑이 당신을 축소하신 어린 시절의 상태와 저희에게 빛을 주시고 저희를 구하시기 위해 인간들 사이에서 취하고자 하신 서열로 보아 작으시나이다. 당신은 거룩하신 아기시나이다.

그러나 동시에 당신은 그 어떤 위대함도 넘어서 위대하시나이다. 당신은 성부와 성령과 더불어 신성으로 보아 절대적으로 무한히 위대하시나이다. 당신은 복되신 삼위 일체의 거룩한 위격과 모든 면에서 동등한 당신의 위격, 말씀의 위격으로 보아 위대하시나이다. 당신은 자비의 광채와 저희의 모든 은총과 거룩함의 원천으로 보아 위대하시나이다. 이런 이유로, 거룩하신 아기 예수님, 당신은 저희에게 그토록 감동을 주시나이다. 저의 구원을 확신하기 위하여 그리고 그것에 맞갖기 위하여, 저 역시 작고도 위대한 사람이 되어야 하겠나이다.

저는 본성의 불완전함에 의해, 원죄가 저희에게

남겨 놓은 슬픈 상황에 의해, 저 자신이 지은 죄의 결과에 의해 작나이다. 그러나 당신의 작으심과 겸손하심을 본받기 위하여 저 자신의 이런 상황을 깨달아야만 하나이다. 저는 그것으로부터 저의 기도와 하늘 나라에 대한 저의 모든 소망과 저의 모든 이웃에 대한 저의 태도를 격려할 영구적인 확신을 가져야 하나이다. 저는 당신을 닮기 위해서 작아져야 하나이다.

저는 또한 위대해져야 하나이다. 당신이 저에게 부여하신 영원한 운명과 당신이 제 안에 창조하신 모든 잠재적 완성의 가능성에 의해 현재의 제가 있나이다. 저를 당신과 닮게 하고 당신의 영원한 상속, 하늘 나라의 행복에 참여하도록 하는 것이 목적인 덕과 은총의 실재를 통하여, 초자연적 선물의 풍부함을 통하여 저는 위대해져야 하나이다.

오 예수님, 제 안에서 당신의 작음과 위대함을 닮을 수 있는 은혜를 허락하소서. 오 거룩하고 위대하신 작은 이여, 저의 구원과 거룩함의 본보기와 근원이 되소서. 아멘.

아이들의 보호자이신
거룩하신 아기 예수님께 드리는
교육자와 선생님들의 기도

어린 시절의 본보기이신 예수님, 당신은 어린 시절부터 하느님과 인간들 앞에서 지혜롭고 은혜롭게 성장하셨나이다. 열두 살의 나이에는 성전에서 학자들 틈에 앉아서 그들에게 귀 기울이셨으며, 겸손되이 그들에게 질문하셨고, 말씀의 신중함과 지혜로써 그들을 감탄케 하셨나이다. 또한 당신은 기꺼이 어린이들을 받아들이시어 그들을 축복하시고 당신의 제자들에게 말씀하셨나이다. "어린이들을 나에게 오게 하여라. 하늘 나라가 그들의 것이다."

당신께서 어린 아이들에 대한 깊은 관심과 거룩한 애정으로, 그들에게 그리스도교 교리를 가르치기 위한 의향과 명백한 헌신으로, 그들로 하여금 그 신비를 이해하고 그 아름다움을 사랑할 수 있도록 하기 위한 특별한 재능으로 열정적인 교사 성 베드로 카니시오(St. Peter Canisius)의 모범과 지도를 격려하신 것처럼 저를 격려하소서. 오 거룩하신 아기 예수님, 복되신 동정 마리아의 중개를 통하여, 제가 가르침의 사도직에 열성을 다하도록 허락하소서. 아멘.

자녀들을 위해 거룩하신 아기 예수님께 바치는 부모들의 기도

거룩하신 아기 예수님, 당신은 온후하고 연약한 어린 아이의 모습 속에 하느님의 위대한 힘과 무한한 지혜를 숨기셨나이다. 부디 저희의 기도를 들으시어 당신 사랑을 저희에게 주소서. 아버지와 어머니를 만드신 분도 당신이시며, 그들의 자녀를 위하여 당신께서 당신의 창조물들에게서 느끼시는 사랑에 이루 말할 수 없는 참여를 그들에게 허락하신 분도 당신이시나이다.

그러나 당신의 무한한 사랑과는 반대로 몇몇 부모들의 사랑은 부족하고 한계를 지니나이다. 그러므로 저희 자녀들을 위하여 저희의 애정이 그들에게 바라는 것과 그들에게 원하는 모든 것, 즉 육신의 행복, 영혼의 외적 행복, 그들의 현재 삶에 필요한 것, 특별히 그에게 영원한 생명의 소유를 확신시켜 줄 것을 그들이 얻도록 하기 위하여 당신께 의탁하나이다.

아기 예수님, 당신은 마리아와 요셉의 기쁨이시며, 하늘에 계신 성부의 즐거움이시며, 세상의 구원이시며, 축복받은 이들의 영광이시나이다. 저희 아이들이 하느님과 인간 앞에서 당신과 같이 경륜과 진실된 지혜와 은총 속에서 자라게 하시어 하늘 나라로 가게 되는 더없이 복된 그 날까지 저희와 당신의 기쁨이 되게 하소서. 아멘.

거룩하신 아기 예수님께 바치는 아이들의 기도

사랑받으시는 나자렛의 아기 예수님, 아이들을 위하여 당신은 부모에 대한 자식의 사랑과 어른에 대한 존경, 장상에 대한 순종의 모범이 되셨나이다.

저로 하여금 항상 당신을 본받게 하시고, 이런 미덕과 당신의 모든 면을 따르기 위해 노력하도록 저를 도와 주소서. 이렇게 저는 당신의 은총과 사랑 속에서 자라겠나이다. 당신은 영원히 살아 계시고 다스리시나이다. 아멘.

거룩하신 아기 예수님께 대한 아이들의 봉헌

오 거룩하신 아기 예수님, 당신은 바르게 행동하고 신앙심 깊고 순명하며 일에 근면한 아이들을 사랑하시나이다. 저(자신의 이름을 말한다.)는 더욱더 당신의 마음에 들기 위하여 현재뿐 아니라 미래에도 영원히 당신께 제 자신을 바치고 봉헌하나이다. 저의 마음을 다해 당신을 사랑하고 당신의 덕, 특히 겸손과 순명을 본받기 위하여 노력하기로 굳게 결심하나이다.

오 저의 거룩하신 작은 형제이시며 구세주이신 예수님, 저의 봉헌과 결심을 받아 주시고, 육신과 영혼의 무죄와 순결을 그대로 간직하고, 경건함과 덕, 지혜 속에서 자랄 수 있는 은혜를 허락하소서. 아멘.

아기 예수님께 드리는 인사

오 지극히 사랑하올 아기 예수님, 가장 감미로운 사랑이시며, 창조된 모든 사랑보다 크신 사랑이시여! 당신을 포옹하는 모든 가톨릭 신자의 소망 안에서 당신께 인사드리나이다.

가장 매력이 넘치시는 나자렛의 고귀한 아기 예수님, 하늘에서부터 피어난 예리고의 탐스러운 장미여! 저희의 마음을 당신께로 이끄시어 당신의 감미로움으로 새롭게 하소서.

가장 사랑스러운 아기 예수님, 베들레헴의 살아계신 빵, 예루살렘의 착한 양, 유다의 새로운 왕이시여! 저희를 당신의 선택된 종으로 받아 주소서.

오 가장 아름다우신 아기 예수님, 하늘 나라 양들의 주의 깊은 목자, 인간의 모든 자녀들의 사랑받으시는 형제, 동정 마리아의 마음속에 성령에 의해 심어진 가냘픈 꽃, 어두운 밤으로부터 온 세상의 기쁨으로 떠오르는 새벽의 빛이시여! 저희를 죄의 암흑으로부터 구해 주소서.

연약하면서도 감미로운 아기 예수님, 당신께 영광과 찬미 드리나이다! 저와 온 인류를 위한 사랑으로 기꺼이 구유에 누우셨고, 극심한 가난과 고난에 고통받으신 당신께 저의 마음 깊은 곳으로부터 기도드리고 경배하나이다. 당신의 연약한 팔과 다리, 당신의 연약한 손과 발에도 감사드리고 경배하며, 성부의 가슴으로부터 가난하고 불쌍한 이들에게 내려오신 이루 다 헤아릴 수 없는 사랑에 찬미드리나이다.

고귀하신 아기 예수님, 당신께 영광과 찬미 드리나이다! 그토록 열정적으로 당신을 사랑하시고 당신께 찬미드렸던 성모와 똑같은 열렬한 사랑으로 당신께 인사드리고 찬미드리나이다.

가장 사랑받으시는 아기 예수님, 영원한 행복의 달콤한 기쁨이시여, 당신께 영광과 찬미 드리나이다! 당신이 하늘을 떠나 보잘것없는 아이가 되신 그 사랑으로 당신께 인사드리고 찬미드리나이다.

가장 고귀하신 아기 예수님, 성부의 기쁨이며 영광이신 당신께 영광과 찬미 드리나이다! 당신의 탄생을 통해 온 세상에 드러내신 당신의 감미로운 마음을 통해 당신께 감사드리나이다. 가장 아름다우신 아기 예수님, 성부의 마음에 가장 큰 기쁨이시며 아픈 영혼들의 치유자이신 당신께 다시 한 번 인사드리나이다. 당신의 영원한 영광과 봉사 앞에 저의 마음을 드리나이다.

동정녀들의 왕관이시며, 사랑이시며, 기쁨이시며, 축복이신 예수님! 당신의 사랑이 당신을 동정녀의 아들이 되게 하셨나이다. 영원히 영광과 찬미 받으소서. 아멘.

비상시의 9일 기도
(개인의 긴급한 요구를 위하여)

개인의 긴급한 요구를 위한 기도로서 방법과 형

태가 다른 몇 가지 9일 기도가 있다. 그러나 이런 차이를 무시한다면 이 기도가 하루에 시간별로 9번 바쳐져야 한다는 것을 알 수 있다. (그러나 이것은 긴장 없이 행해진다.) 가장 많이 행해지는 형태는 다음과 같다.

오 예수님, 당신께서는 말씀하셨나이다. "구하라 받을 것이다. 찾으라 얻을 것이다. 두드려라 열릴 것이다." 당신의 가장 거룩하신 어머니 마리아의 중개를 통하여 저의 기도가 받아들여지기를 두드리고 찾고 구하나이다.

   (자신의 소망을 말한다.)

오 예수님, 당신께서는 말씀하셨나이다. "나의 이름으로 아버지께 청하는 것은 모두 다 아버지께서 허락하실 것이다." 당신의 가장 거룩하신 어머니 마리아의 중개를 통하여 저의 기도가 받아들여지기를 당신의 이름으로 겸손되이 그리고 간절히 아버지께 청하나이다.

   (자신의 소망을 반복한다.)

오 예수님, 당신께서는 말씀하셨나이다. "하늘과 땅은 변할지라도 나의 말은 사라지지 않을 것이다." 당신의 가장 거룩하신 어머니 마리아의 중개를 통하여 저의 기도가 받아들여지리라는 확신을 느끼나이다.

(자신의 소망을 반복한다.)

프라하의 아기 예수님께 바치는 개인 9일 기도
(영성 생활의 참된 이해를 위하여)

첫째 날
믿음, 소망, 사랑, 세 가지 대신덕을 얻기 위하여 거룩하신 아기 예수님의 머리를 경배하라.

갈망
제가 무엇을 보나이까? 저의 눈을 부시게 하는 것은 얼마나 밝은 빛이나이까? 당신의 머리를 장식하는 것은 아름다운 왕관이나이다. 왕들만이 머리에 왕관을 쓰나이다. 오 가장 사랑하올 예수님, 당신도 왕이시며 또한 그들 모두 가운데 가장 친절하시고, 가장 위대하시며 가장 강력하시나이다. 당신은 영원히 왕이시나이다. 당신 앞에 엎드려 당신의 가장 거룩한 머리를 겸손되이 찬미하나이다.

기도

당신께 기도하오니, 제 안에서 믿음의 빛을 풍성하게 하소서. 하늘과 땅의 영원한 왕으로서, 성부와 더없이 열성적으로 당신께 봉사하시고 사랑의 보살핌으로 당신을 기르신 복되신 동정 마리아의 아들로서 당신을 드러내고 있는 경이로운 상에 대한 저의 믿음을 굳건하게 하소서. 오 자비 가득하신 프라하의 아기 예수님, 저의 모든 죄로 두려워하는 저에게 희망을 주소서. 모든 것 안에서, 모든 것을 초월하여 당신을 사랑하게 도와 주소서.

둘째 날

모든 죄에 대한 자비를 얻기 위하여 거룩하신 아기

예수님의 왕다운 모습을 경배하라.

갈망

프라하의 거룩하신 아기 예수님, 겸손되이 당신 앞에 무릎 꿇고 당신의 왕다운 위엄을 경외심을 가지고 바라보나이다. 당신은 당신께 기도드리는 영혼의 모습에 따라 당신의 외모를 바꾸기를 좋아하시나이다. 때로 당신은 엄하시고 저희를 경멸하시는 듯이 보이나 곧 상냥하고 친절한 모습이 되시나이다. 죄인들이 당신 앞에 있을 때 당신의 상냥한 얼굴은 슬픈 모습이 되시나이다. 그들은 그들의 죄를 진정으로 뉘우친 뒤에 당신을 좀더 잘 알게 되겠나이다. 당신은 아마도 선행을 실천하는 데 있어 쉽게 흔들리고 변덕스러운 저희의 마음을 지적하고자 하시나이까?

기도

오 가장 사랑하올 아기 예수님! 가장 은혜로운 당신의 상이 7년 동안이나 먼지 속에 있었고, 어두운 방에서 잊혀졌다는 것을, 그러나 그 아름다움을 잃지 않았다는 것을 기억하소서. 먼지와 죄의 때로부터 제 영혼의 방을 깨끗이 하시고, 거룩한 세례식 때에 지녔던 본연의 아름다움을 되찾게 하소서. 아멘.

셋째 날
유혹을 이겨 내고 완전한 승리를 얻기 위하여 거룩하신 아기 예수님의 눈을 경배하라.

갈망
　오 제가 가장 사랑하는 아기 예수님, 가장 아름다운 당신의 눈은 하늘의 별처럼 빛나나이다. 제가 당신을 바라볼 때마다 기쁨과 행복함 그리고 황홀함을 느끼나이다. 제가 당신의 그 친절하신 모습을 볼 수 있다는 것이 얼마나 행운이나이까! 당신을 바라보는 것이 얼마나 기쁘나이까. 당신의 눈은 단지 볼 수 있는 인성만이 아니라 주로 볼 수 없는 신성을 드러내시나이다. 당신의 눈은 인류에게 기쁨과 경외심, 사랑과 존경을 주시나이다.

기도

 가장 사랑하올 예수님, 다시는 당신을 모욕하지 않도록 진심으로 결심하였나이다. 그러나 저는 저의 마음이 변하기 쉽다는 것을 잘 알고 있으며, 그러기에 유혹의 협박으로부터 당신께 대한 제 약속을 어기게 되지나 않을까 두렵나이다. 저의 사악한 욕망과 사탄 그리고 이 세상이 저를 넘어뜨리려 하나이다. 그것들은 용서할 수 없는 저의 적들이나이다. 제가 과연 어디에서 도움을 구하고 찾아야 하나이까? 프라하의 아기 예수님이 아닌 다른 누구에게서 도움을 구하겠나이까?

넷째 날

적에 대한 사랑을 포함하여 우리 이웃에 대한 사랑을 얻기 위하여 거룩하신 아기 예수님의 입을 경배하라.

갈망

 제가 무엇을 듣나이까? 얼마나 경이로우나이까! 작은 아기인 당신은 상을 통하여 저희에게 말씀하시며 연민 때문에 사람들에게 청하시나이다. 당신은 분명히 말씀하셨나이다. "나에게 동정심을 가져라. 그리하면 내가 너희에게 자비를 내려 주겠다." 언젠가 당신의 충실한 종인 치릴로 신부에게 말씀하셨던 것처럼, 저희 죄인들에게도 말씀하시나이다.

기도

 당신은 저의 이웃에 대한 사랑과 적들에 대한 사랑을 강하게 주장하시나이다. 당신은 십자가에 매달리셨던 그 불가사의한 본보기를 통하여 이것을 가르쳐 주셨나이다.

 혀로써 저의 이웃에게 상처를 주거나 슬프게 하지 않도록, 저의 입에 자물쇠를 채우소서. 이웃을 사랑하라는 크리스찬의 가장 중요한 법을 철저히 지키며 살아가도록 도와 주소서.

다섯째 날

박해와 십자가와 수난으로 고통받으신 거룩하신 아기 예수님의 손을 흠숭하라.

갈망

저는 당신의 거룩한 손을 숭배하나이다. 당신은 7년 동안 손을 빼앗기셨나이다. 상에서 당신의 작은 손을 떼어 낸, 짐승과도 같은 이교도의 병사들은 너무나 잔인했고 조롱으로 가득 차 있었나이다. 이것이 어떻게 당신이 그처럼 사랑을 쏟으셨던 당신의 창조물들의 태도일 수 있나이까? 당신 자신은 슬픔으로 가득 차서 그리고 기적적으로 당신의 부러진 손을 고쳐 주기를 청하셨나이다.

기도

프라하의 당신 상의 부러진 손은 아마도 당신의 할례와 이집트로의 피신, 거룩한 어린 시절의 신비 속에 일어났던 다른 모든 일 등 당신이 아이였을 때 겪으셨던 모든 고통들의 상징 같나이다. 저는 비록 죄인이나 고통을 원하지 않나이다. 모욕과 굴욕, 고통과 질병이 있을 때마다 저의 슬픔을 불평하고 전하고 보여 드리고 싶나이다. 이것은 바꾸어야만 하나이다. 당신은 기꺼이 주는 자를 사랑하시니 제가 견디어 낼 수 있는 인내와 기쁨을 내려 주소서.

여섯째 날
진실된 겸손을 위하여 성심을 경배하라.

갈망

오 프라하의 거룩하신 아기의 성심은 가난한 아이들을 위한 사랑으로 가득 차 있나이다. 당신의 성심은 이 세상의 모든 인간들에게, 심지어 가장 사악한 죄인에게조차도 이루 헤아릴 수 없는 자비의 방법을 통하여 밤과 낮 구분 없이 사랑의 빛을 발하시나이다. 프라하의 아기 예수의 성심으로 숭배받으시는 곳에서, 당신의 이 성심은 가장 은혜롭고 사랑이 넘치는 일들을, 그리고 가장 관대한 일들을 행하시나이다.

기도

아기의 형상 속에서 위대하시며 가장 훌륭하신 주님, 저는 너무나 부끄럽나이다. 당신은 지극히 높으시고 성스러우시며 완벽하시지만, 반면에 겸손한 마음을 지니셨나이다. 비참함의 화신이며 대죄인인 저는 거만하고 오만하나이다. 이것이 제가 마음의 평화를 누리지 못하는 이유나이다. 제 부덕함으로 인하여 당신은 저에게서 얼굴을 돌리실 수 있으시며, 마땅히 그러실 수 있나이다.

일곱째 날

아기 예수님의 가슴을 경배하라. 그리하면 복된 죽음의 순간을 맞이할 것이다.

갈망

이교도 병사들이 증오로 가득 차 감히 미친 듯이 당신의 경이로운 상을 먼지와 오물 속에 내던졌을 때, 밀랍으로 만들어졌음에도 불구하고 상의 가슴이 상하지 않고 남아 있었던 것은 너무나 불가사의한 아기 예수님, 당신의 전능 때문이었나이다. 밀랍으로 만들어진 그렇게 연약하고 부서지기 쉬운 상이 상하지 않고 남아 있으리라고 누가 믿을 수 있나이까? 그러나 실제로 그랬나이다.

이것이 미래에 당신을 찬미할 수 있게 하는 것 외에 다른 어떤 의미가 있나이까? "주님은 넘어지는 모든 것을 붙드시고 숙여 엎드리는 모든 것을 일으키신다." 이 말은 당신의 상과 당신 자신에게도 해당되는 것이었나이다.

기도

오 자비로우신 아기 예수님! 행복하고 복된 죽음의 순간을 위하여 당신께 기도하나이다. 저의 마지막 시간이 다가왔을 때, 부디 저에게로 오소서. 또한 당신의 성모 마리아와 성 요셉도 저와 함께 하도록 하소서. 저의 고통과 두려움을 줄여 주시고, 모든 유혹을 훌륭히 극복하게 하시며, 제가 영원한 삶에 대한 희망과 보상을 위하여 이 세상의 삶을 기꺼이 바칠 수 있도록 자비를 내리시고, 저의 죄를 용서하소서.

여덟째 날
아기 예수님의 발을 경건되이 경배하라. 그리하면 자비로운 심판을 받을 것이다.

갈망

아기 예수님의 복된 발이여! 당신께서 손상받지 않고 보존되었던 그 쓸쓸한 오랜 세월 동안 당신은 잊혀졌나이다. 그러나 지금 당신은 영광받으시고, 당신의 적들이 커다란 경외심을 느낄 정도로 찬미받으시나이다. 당신의 거룩한 발은 잃어버린 양을 찾아 데려오기 위하여 수천 걸음을 걸으셨나이다. 당신이 이 세상에 계셨던 33년 동안 저를 위하여 얼마나 많은 힘들고도 어려운 걸음을 옮기셨나이까? 이제와 영원히 그 걸음들 하나하나에 감사를 드리나이다. 그 걸음들이 헛되지 않았기를 바라나이다.

기도

 오 공의로우신 예수님, 성부께서는 당신께 권능과 심판권을 주셨나이다. 오 당신은 저에게 고통스런 심판 대신에 자비의 심판을 내리실 수 있나이다. 당신께 진실로 봉사하고 당신의 유죄 판결을 피할 수 있도록 마지막 심판을 여러 차례 환기할 수 있는 자비를 저에게 허락하소서. 당신의 거룩한 유년 시절의 이름으로 기도하오니 저의 심판관이 되지 마시고 구세주가 되소서.

아홉째 날

연옥으로부터의 해방을 위하여 거룩하신 아기 예수님의 이름으로 경배하라.

갈망

 저는 당신의 거룩함을 잊어버리고 당신을 작고 무력한 아기로 업신여겼나이다. 당신은 성부와 마찬가지로 참하느님이시나이다. 복되신 동정녀는 당신의 참어머니이시며 그리하여 당연히 하느님의 어머니로 불릴 수 있나이다. 당신이 그녀를 사랑하시므로 저희가 당신의 어머니께 영광 돌릴 때에 당신은 기뻐하시나이다. 저희로 하여금 당신의 성심을 숭배할 수 있는 특권을 허락하소서. 당신의 흠 없고 가장 사랑받으시는 성심의 이름으로 저에게 자비를 베푸소서.

기도

제가 회개에 대하여 미온적이고 모든 은혜를 얻는 데 있어서 너무나 느리므로 연옥에서 오랫동안 있어야 하는 것은 아닌지 두렵나이다. 일단 그곳에서는 저를 위한 그 어떤 것도 할 수 없을 것 같으며, 다른 사람들의 기도에만 의지해야 할 것 같나이다. 그러나 죽은 자들은 쉽게 잊혀지나이다.

그러므로 저의 가장 사랑하는 예수님, 당신의 가장 순수한 어린 시절의 이름으로 오늘 당신께 비오니, 연옥의 고통과 쓸쓸함으로부터 빨리 저를 구해 주소서. 아멘.

삶의 특별한 상태를 위한 기도

오 주님, 제가 저에 대한 당신 섭리의 계획을 알 수 있도록 당신의 거룩한 빛을 내려 주시기를 간청하나이다. 그리고 나서 제 영혼의 구원을 위하여 진실된 욕망으로 채우시고, 복음서에 나오는 젊은이와 함께 말할 수 있도록 하소서. 구원받기 위하여 제가 무엇을 해야 하나이까? 제 앞에는 여러 삶이 놓여 있나이다. 그러나 아직 무엇을 할지 결정하지 못하였으며, 당신의 명령을 기다리나이다. 아무런 제한 없이, 아무런 유보 없이, 가장 완벽한 복종으로 제 자신을 당신께 바치나이다.

저의 운명은 당신께 달려 있나이다. 우연이라도 제가 당신의 뜻에 어긋나는 일이 없도록 어떤 예외도 두지 않겠나이다. 또한 당신의 안내가 없다면 장차 제가 만나게 될 여러 가지 장애를 알아차리기에 저의 시야가 너무나 좁기 때문에, 당신 뜻에 어긋남이 없도록 제 자신을 이끌고 저의 행동을 조정하겠나이다.

주님, 저의 영혼에게 말씀하소서. 젊은 사무엘에게 말씀하신 것처럼 저에게 말씀하소서. 주님, 말씀하소서. 당신의 종이 듣고 있나이다. 저 자신을 당신의 발 아래 던지오며, 당신의 뜻이라면, 제 삶의 남은 날들을 위하여, 당신이 가장 고귀하게 여기시는 그러한 지혜 안에서 당신의 제물로서 저 자신을 희생할 준비가 되어 있나이다.

수도 소명을 위한 기도

오 모든 완전함의 탁월한 모범이신 주 예수 그리스도님, 당신은 수도 생활의 목표를 향한 높은 열망 속에 모든 특권을 부여받은 영혼들을 격려하셨나이다. 동시에 당신은 그들로 하여금 숭고한 삶의 길을 통해 당신을 따를 수 있도록 북돋으셨나이다.

이제 비오니 당신은 당신의 친절하신 격려를 인식하는 많은 이들이 수도자 신분을 받아들임으로써 그것에 부응할 수 있는 의지를 갖게 하시고, 그래서 당신의 특별한 보살핌과 사랑 안에서 즐거워할 수 있도록 허락하소서.

이 세상에서 동정과 도움의 손길을 구할 길이 없는 고아나 고통받는 이들이나 늙고 병든 이들의 머리맡에서 밤낮으로 당신의 사랑을 드러내는 당신 천사들이 없어서 찾는 일이 결코 일어나지 않도록 하소서.

보잘것없는 학교에서 고상한 설교단과도 같이 하늘로 가는 방법과 각자의 삶의 상태에 적당한 의무를 가르쳐 주며, 언제나 당신의 목소리가 울려 퍼질 수 있도록 허락하소서.

묵상과 참회를 통하여 인간들의 죄를 보상하고 당신의 자비가 그들에게 내리기를 기원하는 선택된 영혼들이 각자의 직분에서 활약할 수 있도록 하소서.

오 주 예수님, 실체가 있고 영원한 사랑인 성령

의 타오르는 불꽃으로 많은 관대한 영혼들을 빛나게 하소서. 당신의 가장 사랑하는 어머니 마리아의 힘 있는 중개로 이제와 영원히 당신과 함께 살아 계시고 다스리시는 성부와 성령께 영광 돌리기 위하여 당신 사랑의 불꽃을 그들 안에 일으켜 주시고 잃지 않게 하소서. 아멘.

사제 소명을 위한 기도

가장 높으신 사제이시며 온 세계의 목자이신 주 예수님, 당신은 저희에게 기도를 가르쳐 주시며 말씀하셨나이다. "주인에게 추수할 일꾼들을 보내 달라고 청하여라." 그러므로 은혜로이 저희의 간청을 들어 주시어, 당신의 모범에 의해 고무되고 당신의 은혜로 지탱하는 많은 관대한 영혼들이 당신의 하나뿐인 진정한 사제의 직무를 계속하기 위하여 당신의 거룩한 사제의 대열에 들어가려는 열렬한 욕망을 품도록 그들을 들어 올려 주시기를 당신께 간구하나이다.

종교적 지식, 참된 신앙심, 삶의 청결, 가장 높은 이상에 대한 봉헌의 끊임없는 장려가 젊은이들 사이에 좋은 소명을 위한 토대를 마련할 수 있도록 해주소서. 크리스찬 가정으로 하여금 순결하고 신심 깊은 영혼들의 양육 장소로서 훌륭한 소명의 원천이 되게 하시고, 그의 수많은 자녀들의 일부를 통해 우리 주님께 도움을 드릴 수 있는 큰 영광을 갖고 있음을 늘 굳게 확신하게 하소서.

언제 어디서나 당신의 교회가 자라나는 모든 좋은 소명들을 환영하고 격려하며, 형성하고 성숙하게 발전시키는 데 필요한 방법들을 가질 수 있도록 도와 주소서.

오 모든 이들의 행복과 구원을 가장 갈망하시는 예수님, 이 모든 일들에 대해 완전히 깨닫기 위하여, 하늘로부터 당신의 은혜를 끊임없이 내려 주시어 그 저항할 수 없는 힘을 통하여 많은 마음을 움직이소서. 먼저 조용한 초대를, 그리고 관대하신 협력을, 마지막으로 당신의 거룩한 봉사에 대한 인내를 내려 주소서.

프라하의 거룩하신 아기 예수님께 대한 봉헌

오 성부의 유일한 아들이신 거룩하신 아기 예수님, 당신은 이 세상에 태어나는 모든 이들을 비추시는 진정한 빛이시나이다. 당신을 통하여 제가 여기 있으며, 당신을 통하여 모든 것이 만들어졌으며, 당신 없이는 그 어떤 것도 존재할 수 없나이다. 그러므로 제가 망설임 없이 당신께 제 자신을 바치는 것은 당연하나이다.

당신께서 저에게 주시는 그 모든 사랑에 대한 감사로 제 마음이 담을 수 있는 모든 사랑을 당신께 바치나이다. 당신을 더 많이 사랑하고, 당신께 좀 더 나은 마음을 바칠 수 있기를 열렬히 바라나이다. 오 상냥하신 아기 하느님, 이 열렬한 바람을 받아들이시고 그것을 기꺼이 축복하소서.

저희가 언젠가 당신의 영원한 행복에 참여할 자격을 얻도록 하기 위해, 당신은 연약하게 태어나시어 저희를 위하여 고통받으셨나이다. 저는 저의 고통들이 당신의 고통들과 하나가 되기를 바라오니, 그것들이 공로가 되게 하여 주시고, 그것들을 성화시켜 주소서. 저의 죄 때문에 저를 위하여 당신이 눈물을 흘리셨던 것처럼, 저 자신도 저의 죄에 대하여 눈물을 흘리도록 당신의 은혜를 통하여 도와 주소서.

또한 저의 모든 기쁨을 당신께 바치나이다. 당신의 거룩한 어린 시절의 신비 안에서 가르쳐 주신 덕을 실천함으로써, 저는 오로지 당신께 봉사하는 기쁨을 찾으려는 야망과 의지를 갖고 있나이다. 당신이 저에게 보여 주신 훌륭한 본보기인 부드러움과 겸손함, 어린이와 같은 순수함과 자식으로서의 신뢰, 그리고 완벽한 복종을 얻도록 당신의 은혜를 통하여 도와 주시기를 간청하나이다.

신성함 안에서 제가 발전할 수 있도록 하시어, 언젠가 당신의 거룩한 어린 시절의 교훈을 실천하는 이들에게 약속하신 하늘의 보상을 얻을 수 있게 하소서. 아멘.

프라하의 아기 예수님을 기리는
개인 9일 기도

이 개인 9일 기도는 가정이나 교회에 모셔 있는 프라하의 아기 예수님의 상이나 상본 앞에서 바치는 것이다. 기도는 9일 동안 연속해서 행해지는데 어느 달이든 17일부터 25일까지 바치고, 특별히 12월에는 아기 예수의 성탄 축일 전에 행해진다.

오 경이로운 아기 예수님, 당신의 거룩한 상 앞에 엎드려서, 고뇌로 가득 찬 저희의 마음을 굽어보시기를 청하나이다. 당신의 친절하신 마음이 저희의 기도로 온화하게 연민의 정을 드러내게 하시고, 저희가 열렬히 간청하는 은혜를 저희에게 허락하소서.
저희에게 지워진 모든 고통과 절망, 모든 시련과 불행을 저희에게서 가져가 주소서. 당신의 거룩한 유년 시절을 위하여 저희의 기도를 들으시고 저희에게 위안과 도움을 내려 주소서. 성부와 성령과 함께 당신을 영원히 찬미하나이다. 아멘.

거룩하신 아기 예수님을 기리는
그 밖의 개인 9일 기도

묵상

거룩하신 아기 예수님께 대한 신심은 아기 예수님께 영예를 돌리는 사람들을 격려하나이다. 우리 주님의 삶의 모든 신비를 기리며 그분의 덕을 본받고 저희의 성화를 위해 각각의 신비가 전하는 그 은혜를 이용할 줄 아는 것이 하느님의 뜻이나이다.

따라서 거룩하신 아기 예수님께 대한 신심은 큰 은혜와 축복의 원천이 되나이다. 저희 영혼을 구원하고 저희의 사랑과 믿음을 확실히 하기 위하여 아이의 모습으로 저희 가운데 드러내신 그 무한한 사랑을 저희가 기억하는 것이 예수님께 가장 큰 기쁨이 된다는 것을 확신하나이다. 어린 아이는 사랑을 끌어당기나이다. 어린 아이에게서 그 어떤 것을 얻는 것은 쉽나이다.

우리 주 예수 그리스도님께서는 저희에게 "너희가 어린 아이와 같이 되지 않으면 결코 하늘 나라에 들어가지 못할 것이다."(마태 18, 3)라고 말씀하셨나이다. 그분은 말씀으로써뿐만 아니라 그분의 삶을 모범으로 주심으로써 저희를 가르치셨나이다. 그분은 저희의 사랑을 얻기 위하여 연약한 아기로 저희에게 오셨나이다. 비록 작은 어린 아이의 모습이나 그분은 여전히 우리의 하느님이시며, 그분이 창조하시고, 이제 다시 재창조하러 오신 이 우주의 왕으로서의 권한을 지니셨나이다.

우리의 구세주이신 거룩하신 아기 예수님께 대한 신심은 그분의 위대한 육화의 신비에 영광을 드리는 것이나이다. 저희는 그분의 신성과 인간성을 깨닫고, 저희를 위하여 생명을 바치신 그 크신 사랑에 기뻐하나이다.

하느님의 말씀

"목자들은 마리아와 요셉을 찾았고 구유에 누워 있는 아기를 보았다. 보고 나서야 그들은 이 아기에 관하여 들었던 것을 사람들에게 알렸다."

―루가 2, 16-17

"우리를 위하여 태어날 한 아기, 우리에게 주시는 아드님, 그 어깨에는 주권이 메어지겠고 그 이름은 탁월한 경륜가, 용사이신 하느님, 영원한 아버지, 평화의 왕이라 불릴 것이다."

―이사 9, 5

"하느님은 이 세상을 극진히 사랑하셔서 외아들을 보내 주시어 그를 믿는 사람은 누구든지 멸망하지 않고 영원한 생명을 얻게 하여 주셨다. 하느님이 아들을 세상에 보내신 것은 세상을 심판하시려는 것이 아니라 아들로 말미암아 세상이 구원받게 하시려는 것이었다."

―요한 3, 16-17

9일 기도들

9일 기도

아기 예수님, 당신의 거룩하신 어머니를 통하여 당신께 도움을 구하나이다. 당신의 신성이 저를 도와 주실 것을 굳게 믿기에 이 어려울 때 저를 도와 주시기를 당신께 간청하나이다. 저는 확신을 갖고 당신의 거룩하신 은혜를 얻을 수 있기를 바라나이다. 저의 마음과 영혼을 다하여 당신을 사랑하나이다. 제가 지은 죄를 깊이 뉘우치고 당신께 청하오니, 착하신 예수님, 제가 잘 이겨 낼 수 있도록 힘을 주소서.

당신께 다시는 죄를 짓지 않기로 결심하오며, 당신의 마음을 상해 드리기보다 차라리 모든 고통을 받겠나이다. 이후부터는 당신을 충심으로 섬기겠나이다. 거룩하신 아기 예수님, 저는 당신의 사랑으로 인하여 제 이웃을 저와 같이 사랑하겠나이다.

지극히 강하신 아기 예수님, 다시 한 번 저를 도와 주시기를 간구하나이다. (소망을 말한다.)

거룩하신 아기, 위대하고 전능하신 하느님, 당신의 가장 거룩하신 어머니의 힘 있는 중개와, 하느님으로서 전능하신 당신의 한없는 자비에 의지하여 애원하오니, 저의 이 9일 기도에 호의 있게 응답하소서.

성모 마리아와 성 요셉과 함께 당신을 영원히 소유하고 당신의 거룩한 천사들과 성인들과 함께 당신을 경배하는 은혜를 저에게 허락하소서. 아멘.

프라하의 경이로운 아기 예수님께 바치는 기도
가장 사랑하올 프라하의 아기 예수님, 당신은 저희를 너무나 사랑하시나이다. 당신의 가장 큰 기쁨은 저희 가운데 계시는 것이며 당신의 축복을 저희에게 내리시는 것이나이다. 저는 비록 당신의 도움을 받을 가치를 지니지 못하였으나 당신은 친절하시고 자비로우시며 당신의 전능하신 힘을 저에게 행사하시기에 저는 사랑으로 당신께 이끌림을 느끼나이다.

믿음으로 당신께 향했던 많은 이들이 당신의 은

총을 받아 왔으며 그들의 청원을 이루었나이다. 당신 앞에서 기도와 희망으로 저의 마음을 열 때 저를 보아주소서. 특별히 이 소망을 당신의 사랑하올 성심 안에 담아 당신께 올리나이다. (자신의 소망을 말한다.)

사랑하올 예수님, 저를 다스리소서. 당신의 거룩한 지혜와 사랑 안에 당신은 모든 것을 최상의 상태로 두심을 아오니 저와 저에게 속한 것을 당신의 거룩한 뜻대로 하소서. 저에게서 당신의 손을 거두지 마시고 영원히 저를 보호하시고 축복하소서.

전능하시고 은혜로우신 아기 예수님, 깊은 애정으로 당신을 돌보아 주신 복되신 성모 마리아의 이름으로, 두 팔로 당신을 옮기셨던 성 요셉이 지녔던 최상의 숭배로, 당신의 거룩한 유년 시절을 위해 기도드리오니 어려울 때 저를 도우소서. 가장 사랑하올 아기 예수님, 이제와 영원히 당신과 함께 진정 행복할 수 있게 하소서. 이 마음 다하여 영원히 당신께 감사하나이다. 아멘.

68-90면의 호칭 기도를 바칠 수 있다.

거룩하신 아기 예수님을 기리는 기도

거룩하신 아기 예수님, 저희가 당신 삶의 모든 신비를 찬미하여 당신의 덕을 본받고, 저희의 성화를 위하여 그 신비가 전하는 은혜들을 저희가 받을 수 있도록 하는 것이 당신의 뜻이나이다. 당신의 거룩한 유년 시절에 바치는 저의 봉헌을 통하여 당신께 드리고자 하는 이 영예를 받으소서.

예수님, 당신은 저희의 사랑과 믿음을 얻기 위하여 아이의 모습으로 저희에게 오셨나이다. 저는 아이에게 끌리듯이 당신께 끌림을 느끼나이다. 그러나 그 아이는 또한 저의 하느님이시나이다. 저는 가장 큰 믿음으로 당신께 향하나이다. 당신은 선(善) 그 자체이시니 저를 돕기를 원하시나이다. 당신은 모든 것을 아시기에 저를 도와 줄 방법도 알고 계시나이다. 당신은 모든 힘을 갖고 계시기에 저를 도울 수 있나이다.

아이의 마음은 친절하고 관대하나이다. 오 거룩하신 아기 예수님, 당신의 성심은 저의 하느님의 마음이고 가장 사랑하는 친구이시기에, 끝없이 친절하시고 관대하시나이다. 당신은 저와 같은 인간이 되기를 원하실 정도로 저를 사랑하셨나이다. 당신은 저희에게 표양을 보일 뿐 아니라 저희를 위하여 고통받으시고, 저희의 죄를 속죄하시고, 저희 영혼이 은혜를 받을 가치가 있도록 하시기 위하여 아기가 되기를 원하셨나이다. 이에 대해 당신께 감사하나이다.

당신의 성심이 지니신 무한한 사랑과 자비를 신뢰하며, "구하라 받을 것이다. 찾으라 얻을 것이다. 두드려라 열릴 것이다."라는 당신의 말씀에 의지하여 당신 앞에 저의 소망을 겸손되이 올리나이다. (여기서 자신의 소망을 말한다.)

사랑스러운 아기 예수님, 당신의 거룩한 유년 시절을 드러내기를 바라는 찬미를 받으시고, 저를 불쌍히 여기소서. 당신의 어린 시절에 당신을 그렇게 친절히 보살펴 주신 당신의 복되신 어머니의 이름으로 저의 소망을 청하나이다. 또한 당신을 그의 팔로 옮기시고 보호하신 성 요셉을 기리며 간청하나이다.

그러나 당신이 저의 간청을 받아 주시지 않는다면 겸손되이 저 자신을 당신의 거룩한 뜻에 맡기나이다. 이는 당신이 저에게 최선의 것이 무엇인지 아시고 계시기 때문이나이다. 당신은 오직 하느님만이 하실 수 있는 사랑으로 저를 사랑하신다는 것을 알고 있나이다. 대신에 당신을 좀더 알고 사랑하는 은혜와 당신께 좀더 봉사하고 저의 영혼을 구할 수 있는 은혜를 내려 주소서. 아멘.

우리 삶의 중심을 아기 예수님께 두기 위한 기도
오 주 예수님, 저 자신을 알고 당신을 알도록 하시고,
  당신 이외의 어떤 것도 바라지 않도록 하소서.

저 자신은 미워하고 당신을 사랑하게 하시고,
  모든 것을 당신을 위하여 행하게 하소서.

저 자신은 낮추고 당신을 높일 수 있게 하시고,
  당신 이외의 것은 생각지 않게 하소서.

저 자신은 죽이고 당신 안에서 살게 하시고,
　당신으로부터 오는 어떤 것도 받아들일 수 있게
　하소서.

저 자신은 버리고 당신을 따라가게 하시고,
　항상 당신을 따르려는 바람을 갖게 하소서.

저 자신으로부터 벗어나 당신께 향하게 하시고,
　그리하여 당신께 보호받을 수 있는 가치를 얻게
　하소서.

저 자신을 두려워하고, 당신을 두려워하게 하시고,
　당신으로부터 선택된 이들 가운데 있게 하소서.

저 자신을 믿지 않고 당신을 믿게 하시고,
　언제나 당신의 사랑을 위하여 순명할 수 있게 하
　소서.

당신 이외의 그 어떤 것에도 집착하지 말게 하시고,

당신을 위하여 항상 가난하게 하소서.

당신을 사랑할 수 있도록 저를 보아주소서.
당신을 바라보며 영원히 당신을 소유할 수 있도록
  저를 불러 주소서. 아멘.

기도
전능하시고 영원하신 하느님, 하늘과 이 세상의 주님, 당신은 작은 아이의 모습으로 당신을 드러내셨나이다. 간청하오니, 당신의 아들, 아기 예수의 거룩한 신비를 마땅히 드려야 할 영광으로 숭배하고 그 모범을 따르는 저희가 당신께서 어린 아이들에게 약속하신 하늘 나라에 들어갈 수 있도록 하소서. 우리 주 그리스도를 통하여 비나이다. 아멘.

프라하의 승리의 성모 성당 전경(前景)

옮긴이의 글

가톨릭 신앙에서 우리는 보통 예수님의 십자가의 길을 통해 고통과 죽음을 묵상하고 인류 구원의 길을 터득해 가며, 그 안에서 자유와 정의 그리고 사랑을 배웁니다.

그러나, 그에 못지 않게 아기 예수님의 상을 통해 거룩함과 자비, 예수님의 사랑을 체험하며 인간의 연약함을 그분께 맡기고 그분을 흠숭하는 행위 또한 중요하다고 생각되며, 특별히 "너희가 나를 공경하면 할수록 나도 너희를 더욱더 축복할 것이다."라고 하신 말씀의 은혜를 풍부히 받을 수 있도록 그분에 대한 신심을 전파하는 데 큰 의의가 있다고 하겠습니다.

제가 아기 예수님께 기도를 시작한 것은 1963년 3월 25일 샬트르 성 바오로 수녀회 입회 후 수련원에서 은인들을 위한 9일 기도, 9시간 기도와 거의 모든 축일 전 9일 기도에 프라하의 아기 예수님께 기도드리면서였으며, 그 때 아기 예수님을 위하여 흰 공단에 정성껏 자수를 놓아 망토를 만들어 드린 기억은 제 일생에 한 아름다운 삶의 모습으로 기억됩니다.

아무쪼록 이 소책자를 통하여 아기 예수님을 공경하는 가톨릭 신자들이 날로 늘어나고, 이 책자가 특별히 어린이들과 청소년들에게 널리 전파되어 예수님의 사랑과 행적을 본받으며, 예수님께 흠숭과 찬미를 드리는 좋은 계기가 되기를 바랍니다.

1997년 3월 성 요셉 축일에
여의도에서 김옥녀 수녀

옮긴이 김옥녀 수녀

1961년 이화여자대학교 약학대학 약학과 졸업
1973년 가톨릭대학교 대학원 – 의학박사(약리학 전공)
1987년 미국 Maryland대학교 약학대학
  – Post doctoral Fellow
1990년 미국 Maryland대학교 약학대학
  – Research Associate
1993년, 1996년, 1999년에 3개월씩
  미국 Minnesota대학교 의과대학
  – Research Associate
1961년 가톨릭대학교 성모병원 약사
1963년 샬트르 성 바오로 수녀회 입회
1966년 가톨릭대학교 성모병원 약제과장
1968년 가톨릭대학교 의과대학 약리학교실 외래강사
1970년 – 2003년 8월 가톨릭대학교 의과대학 전임강사 – 주임교수
2003년 8월 – 현재 가톨릭대학교 의과대학 명예교수

지은 책: 《임상약리학》,《복약지도》,《약사와 약연 – 화보》
옮긴 책: 《사랑에 이르는 길》